Henry Schwieger
Ein Hamburger in Brasilien

SEVERUS

Schwieger, Henry: Ein Hamburger in Brasilien
Hamburg, SEVERUS Verlag 2013

ISBN: 978-3-86347-596-3

Druck: SEVERUS Verlag, Hamburg, 2013

Der Text der vorliegenden Edition folgt der Ausgabe:
Henry Schwieger: Eine Ozeanfahrt nach Brasilien. Hamburg: Herold, 1889.

Der Text wurde aus Fraktur übertragen. Die Orthographie wurde behutsam modernisiert, grammatikalische Eigenheiten bleiben gewahrt. Die Interpunktion folgt der Druckvorlage.

Der SEVERUS Verlag ist ein Imprint der Diplomica Verlag GmbH.

Bibliografische Information der Deutschen Nationalbibliothek:
Die Deutsche Nationalbibliothek verzeichnet diese Publikation in der Deutschen Nationalbibliografie; detaillierte bibliografische Daten sind im Internet über http://dnb.d-nb.de abrufbar.

© SEVERUS Verlag
http://www.severus-verlag.de, Hamburg 2013
Printed in Germany
Alle Rechte vorbehalten.

Der SEVERUS Verlag übernimmt keine juristische Verantwortung oder irgendeine Haftung für evtl. fehlerhafte Angaben und deren Folgen.

Henry Schwieger

Ein Hamburger in Brasilien

Inhalt

Vorwort.. 1
1. Von Hamburg nach Lissabon 3
2. Lissabon... 13
3. Quer über den südatlantischen Ozean................... 23
4. Pernambuco 41
5. Von Pernambuco nach Rio de Janeiro.................. 54
6. Rio de Janeiro 60
7. Von Rio nach Santos. 76
8. Santos und St. Paulo. 82
9. Von Santos nach Bahia. 105
10. Bahia. 107
11. Eine Bestattung auf hoher See. 114
12. Von Bahia über Bremen nach Hamburg. 119

Vorwort

Im Winter 1896/97 mußte ich schweren Herzens eines heftigen Lungenkatarrhs wegen, einige Wochen von meinem geistlichen Amte gänzlich zurücktreten. Gelang es mir auch, den Arzt zu bewegen, mir zu Weihnachten den Rücktritt in meine Arbeit zu erlauben, so blieb er doch bei seiner Forderung bestehen, ich müsse gleich nach Ostern zur Stärkung meiner Gesundheit in die Berge oder an die See. Ich sah wohl ein, daß ein Prediger mit einer angegriffenen Brust den Anforderungen einer großstädtischen Gemeinde, wie es unsere St. Michaelisgemeinde ist, auf die Dauer nicht gewachsen ist, und so beschloß ich, im Interesse meines Amtes und meines Hauses eine möglichst gründliche Radikalkur zu unternehmen. Nach einem Reiseziel brauchte ich mich nicht lange zu fragen; mir wurde dasselbe ganz ohne mein Zutun in einer Weise nahegelegt, daß ich darin den Fingerzeig einer freundlichen Fügung des Himmels erkennen zu müssen glaubte. Ich werde allezeit dem verehrten Herrn von der Direktion der Hamburg-Südamerikanischen Dampfschifffahrtsgesellschaft („H.-S. D.-G.") dafür herzlich dankbar bleiben, daß er mir gelegentlich eines zwanglosen Zusammenseins in seinem gastfreien Hause eine größere Seereise geraten, noch mehr aber dafür, daß er mir eine solche auf einem Schiffe der Gesellschaft durch sein freundliches Entgegenkommen auch ermöglicht hat. Da mir der Arzt sehr entschieden eine Meerfahrt empfahl, und meine Kollegen mich in gleichem Sinne zu beeinflussen suchten, indem sie sich mit gewohnter Herzlichkeit bereit erklärten, mir gern in den neun, zur Reise erforderlichen Wochen meine Amtsgeschäfte abzunehmen, so überwand ich alle anderen

Bedenken, die in meinem Herzen gegen das große Unternehmen laut werden wollten. In der Erwägung, daß ich meiner Gemeinde und meiner Familie es schuldig sei, für meine Gesundheit etwas zu opfern, wie auch im Gedanken an die lockenden Reize einer Seefahrt nach Südamerika entschloß ich mich, mit der „Porto Alegre« Ende April v. I. eine Reise nach Brasilien hin und wieder zurück zu machen. – – Jetzt liegt die Reise hinter mir. Sie hat den gewünschten Erfolg reichlich gebracht. Sie hat mir den Leib gestärkt und das Herz erfrischt, daß ich mich wohler fühle denn je und nun aus vollem Herzen danken kann. Sie hat mir aber auch so vielerlei reizvolle Erlebnisse und so mancherlei neue Eindrücke verschafft, daß ich mich gedrängt fühle, anderen davon mitzuteilen.

In der kleinen „St. Michaelisausgabe« des »Nachbar« ist der größte Teil meiner Tagebuchaufzeichnungen freilich schon veröffentlicht worden, aber immer nur in so kurzen und vielfach unterbrochenen Absätzen, daß ich mir denke, manche Freunde unseres Gemeindeblättchens würden die gesamte Schilderung nun auch ganz gern einmal im fortlaufenden Zusammenhang durchlesen. Dieser Gedanke, sowie auch die Hoffnung, über den erwähnten Kreis hinaus mit meinen Reiseskizzen Interesse zu finden, hat mich veranlaßt, dieselben in diesem kleinen Büchlein herauszugeben. Möchten die folgenden schlichten Erzählungen dazu dienen, den Lesern einige angenehme Stunden der Unterhaltung und hier und da vielleicht auch der Anregung zu bieten.

Hamburg, Juli 1898.

                                              H. Schwieger

1. Von Hamburg nach Lissabon
28. April bis 3. Mai 1897

Es war eine teils wehmütig, teils fröhlich gestimmte Gesellschaft, die mich am Abend 28. April an Bord brachte. Von meiner am Kraienkamp gelegenen Wohnung ging es, nachdem ich von meinem bald zweijährigen Söhnlein mit einem herzhaften Kuß für die lange Zeit Abschied genommen, zu Fuß nach dem Baumwall und von dort in einer Motorbarkasse mit einem kleinen Umweg an dem neuen Riesendampfer Pennsylvania vorbei nach dem Strandhöft, wo die schlanke „Porto Alegre" lag. Nachdem das ganze ca. 330 Fuß lange und 30 Fuß breite Schiff und besonders die elektrisch beleuchteten und sauber hergerichteten kleinen Kabinen, sowie die behaglichen Solons besichtigt worden waren, lud uns der bereits im Vorwort erwähnte, verehrte Freund von der Direktion der „H.-S. D.-G." zu einem Abendessen ein, das er zu unserer Überraschung im Speisesaal so heimlich hatte servieren lassen, daß wir unwillkürlich an das „Tischlein deck' dich-Märchen" und an „Tausend und eine Nacht« erinnert wurden.

Unter fröhlichen Gesprächen und in heiterster Stimmung war an der reich besetzten Tafel im Fluge eine angenehme Stunde dahin geeilt, die allen Beteiligten im Gedächtnis bleiben wird. Weniger angenehm freilich waren die nun folgenden Minuten der Trennung mit den leidigen Abschiedsumarmungen und Abschiedstränen. Es ist übrigens auch ein eigen Ding um das Lebewohlsagen an Bord, wenn bereits alles zur Abfahrt gerüstet ist, wenn die Maschine schon ihre ungeduldigen Dampfseufzer ausstößt, zumal aber, wenn man sich auf 9 Wochen von der Heimat trennt, um zum erstenmal im Leben den weiten Ozean zu durchqueren. Das fühlten meine Lieben alle, als sie mich unter Donner und Blitz aus dem schwarzen Schiffe allein gelassen hatten, das fühlte ich selber auch, als ich endlich in meiner Koje mit meinen Gedanken allein war, noch mehr aber, als ich nachts zwischen 2 und 3 Uhr nach kurzem Schlaf vom Gerassel der aufgehenden Ankerketten und den eiligen, lauten Schritten der Mannschaft auf Deck über mir erwachte und dann durch das offene, runde Fenster (Bullenauge genannt) beobachten konnte, wie wir an den Lichtern von Hamburg, Altona, Neumühlen, Blankenese etc. zuerst langsam, dann immer schneller vorbei glitten. Unwillkürlich flüsterte ich vor mich hin: „Leb' wohl mein Hamburg, St. Michael leb' wohl! Gott schütze euch und alle meine Lieben, in seine Hände befehle ich auch mich!"

Nach einigen Stunden ruhigen Schlafs weckte mich früh 6 Uhr die goldne Morgensonne. In ihrem Glanze strahlten die fruchtbaren Elbufer mit ihren zahlreichen Dörfern und Städten. Beim schönsten Wetter passierten wir Cuxhaven mit feinem Leuchtturm und der bekannten „alten Liebe", die Kugelbake und den Döser Strand. Bald aber verhüllte sich die Sonne, die Luft wurde dunstig, und plötzlich, wir passierten gerade die kleine Insel Neuwerk und das dort stationierte Feuerschiff, befanden wir uns im dichtesten Nebel, der mit einigen Unterbrechungen den ganzen Tag bis 12 Uhr nachts andauerte und uns nicht nur nötigte, meistens mit halber Kraft zu fahren und sogar mehrere Male zu Anker zu gehen, sondern auch auf die Stimmung aller einen recht niederdrückenden Einfluß ausübte. Ist Nebel schon überhaupt der Schifffahrt viel gefährlicher als Sturm, so ist das erst recht der Fall auf der Elbmündung und auf einem so belebten Meer, wie es die Nordsee ist. Ringsherum hörten wir denn auch die dumpfen Nebelsignale, welche in der Nähe fahrende Schiffe mit der Dampfpfeife hinausheulen ließen in die unheimliche Stille. Feierlich klang auch das vorschriftsgemäße Lauten ankernder Schiffe über das Meer hin an unser Ohr. Oft sahen wir sogar, wenn der Schleier sich ein wenig zerteilte, wie in unmittelbarster Nähe andere Dampfer unsern Kurs vor uns kreuzten oder an uns vorüberfuhren. Wir konnten nichts weiter tun als unserm vorsichtigen Kapitän vertrauen und mit ihm uns ganz in die Hand des allmächtigen Gottes geben. So war der erste Tag auf See, wenngleich die gefürchtete Nordsee so teichartig ruhig war, daß niemand seekrank werden konnte, doch nicht sonderlich angenehm. Man muß indessen auch ein Nebelwetter mitgemacht haben, wenn man von der Seefahrt einen Eindruck haben will. Der zweite Tag auf der Nordsee war dafür aber umso köstlicher. Die See war leicht bewegt und bot mit ihren sonnenbeglänzten Wellen und den zahlreichen Fahrzeugen aller Art dem Auge ein entzückendes Bild nach dem andern. Der Lunge aber tat die erfrischende Seeluft, die auf keinem Meer würziger und nervenstärkender ist als auf unserer deutschen Nordsee, unaussprechlich wohl. Diese Luft kann einen müden Stadtmenschen so schnell und gründlich wieder beleben wie kaum etwas anderes. Am Nachmittag gegen 4 Uhr kamen die englischen Leuchtschiffe in Sicht und um 5 Uhr passierte die „Porto Alegre« die hübschen An höhen und die blendenden Kreidefelsen des „Shakespeare-Cliffs" von Dover. Gegenüber konnten wir die französische Küste ganz deutlich erkennen, jedoch verloren wir dieselbe immer mehr aus den Augen- je weiter wir in den „Kanal" hineinkamen.

Dieses zwischen England und Frankreich gelegene Meer gehört zu den am reichsten beleuchteten Seegegenden der Welt. Hier werden auf einer Strecke von etwa 75 deutschen Meilen englischerseits über 50 und französischerseits über 100 Leuchtfeuer unterhalten, die nachts den Schiffern unentbehrliche Dienste leisten. Ich war an jenem Abend zum ersten Mal in der Lage, vom Meer aus das glänzende Feuer der Leuchtschiffe und Leuchttürme zu beobachten. Die beiden Leuchttürme von Dungeneß, von denen der eine mächtig groß, der andere ganz klein ist, erregten meine besondere Bewunderung, ebenso die vielen langen, von unzähligen Gaslaternen erleuchteten, schnurgeraden Strandpromenaden der englischen Küstenstädte, an denen wir in geringer Entfernung vorbeifuhren. So schön war alles, was es am Himmel, auf dem Meere und an der Küste zu sehen gab, daß es wirklich schwer war, sich von dem erhabenen, nächtlichen Naturgemälde zu trennen und zur Koje zu gehen.

Letzteres war übrigens an diesem Abend für mich Neuling mit mancherlei Schwierigkeiten verbunden. Da das Schiff im „Kanal" anfing, von einer Seite zur andern zu schwanken, was man "rollen" nennt, so kostete das Entkleiden ungeahnte Mühe. In meiner kleinen Kammer wurde ich beständig hin- und hergeschüttelt, und, als ich nach vollbrachtem Werk so weit war, in das obere der beiden schmalen Betten zu steigen, hatte ich Gelegenheit, von meiner früheren Turnkunst Gebrauch zu machen. Immerhin hatte ich aber doch einige blaue Stellen, als ich glücklich in meiner Koje lag, die in ihren Fugen jedesmal, wenn die See etwas unruhig war, ächzte und krachte. Indessen, obgleich man in einer solchen Koje nicht viel Platz hat und sich zuerst sehr an das Hin- und Herrutschen gewöhnen muß, so schläft sich's in derselben doch ganz ausgezeichnet. An alle diese kleinen, anfangs recht unbequemen Neuigkeiten an Bord gewöhnt man sich eben schneller, als man denkt.

Jener erste Abend auf bewegter See ist mir jedoch noch sehr in Erinnerung geblieben. Ebenso auch der darauf folgende Tag, der 1. Mai, an dem wir abends aus dem Kanal in die als unruhig bekannte Bay von Biscaya gelangten, und an dem das Schiff stärker rollte als zuvor. Hatte ich auch glücklicherweise über die richtige Seekrankheit nicht zu klagen, so fühlte ich mich den ganzen Tag doch nicht gerade wohl, war ohne Appetit, hatte auch keine besondere Freude an dem, was es auf See und sonst zu be- wundern gab, und freute mich, als ich mich abends wieder in mein Bett hineingekämpft hatte, wo ich mich wieder völlig gesund befand. So bestand denn damals meine „Maifeier" in einer Anwandlung von Seekrankheit, vor der ich mich so sehr gefürchtet hatte, und unter der einige andere wohl auch zu leiden hatten. Ich war zu meiner Freude leichten Kaufs davon gekommen und befand mich am nächsten Morgen, als ich nach er- quickendem Schlafe früh an Deck kam, so wohl wie ein Fisch im Wasser. Das war nur auch gut, denn der 2. Mai war ein Sonntag, und viel Schönes sollte heute und morgen Auge und Herz erfreuen!

Der Sonntag verging mit der Fahrt durch die Bay von Biscaya, die man bekanntlich als das Grab der Seeleute bezeichnet, weil die Wogen dort oft so besonders wild und die Stürme so besonders heftig sind. Unermeßlich ist wohl die Zahl der Schiffe, denen die Biscayabucht verhängnisvoll geworden. Uns zeigte sie sich jedoch von ihrer freundlichen und ruhigen Seite. Wenngleich infolge der sich vom Ozean beständig heranwälzenden Riesenwellen die rollende Bewegung des Schiffes eher stärker als geringer wurde, so waren wir doch sehr froh, daß die See verhältnismäßig so still und das Wetter so schön war.

Unser Kapitän gab mir die freundliche Erlaubnis, jederzeit auf die Kommandobrücke zu gehen, und nahm mich mittags mit hinauf in das „Kartenzimmer", wo er mir zeigte, wie genau man sich auf See orientieren kann. Durch Beobachtung der Sonne mit dem sog. Sextanten wird täglich um 12 Uhr aufs genaueste bestimmt, auf welchem Breitengrade man sich befindet; desgleichen wird durch Vergleich des jeweiligen Sonnenstandes mit dem Stand einer Normaluhr Greenwicher Zeit, die nie gestellt wird, jeden Mittag der betreffende Längengrad ermittelt; das Resultat der Beobachtung aber wird durch genaue Feststellung der Länge des zurückgelegten Weges mit dem sog. immerwährenden Log geprüft. Dieses Instrument besteht aus einer messingenen Spindel mit schraubenförmig geordneten Flügeln, welche sich an einer Leine im Kielwasser des Schiffs je nach der Geschwindigkeit der Fahrt schneller oder langsamer dreht. Die Leine aber bewegt den Zeiger einer Uhr hinten am Heck, an der man die Zahl der zurückgelegten Knoten oder Seemeilen ablesen kann. Nach dem Ergebnis dieser täglichen, wenn bei bewölktem Himmel mittags keine Observation stattfinden kann, recht mühsamen Berechnung wird dann mit Hilfe der vorzüglichen Seekarten die Richtung des Kompasses oder der Kurs des Schiffes bestimmt.

Es war abends gegen 7 Uhr, als wir das Feuer von Cap Vilano, das erste Licht an der spanischen Küste in Sicht bekamen. Wir begrüßten die pyrenäische Halbinsel, indem wir voll Begeisterung anstimmten: „Deutschland, Deutschland über alles!" Zum ersten Male hatten wir an diesem Tage den unbeschreiblich schönen Genuß, auf See die Sonne untergehen zu sehen. Wie ein mächtiges, feuriggoldenes Osterei tauchte sie in wenigen Minuten in das Meer und hinterließ am Himmel eine Beleuchtung, so schön, daß ich nur bedauern konnte, nicht ein Maler zu sein, der es versteht, solche prangenden Bilder mit seinen Farben für seine Mitmenschen festzuhalten.

Nach dem Sonnenuntergang kam ein günstiger Wind auf, sodaß die „Porto Alegre" ihre Segel spannen konnte. So sah ich das Schiff immer am liebsten, wenn es mit schwellenden Segeln das schäumende Meer durchschnitt, wenn oben am Himmel die unzähligen Sterne funkelten, und wenn, wie es im Ozean fast immer der Fall war, in der dunkeln Flut tausende von Edelsteinen blinkten. Wie oft habe ich dann hinten am Heck gestanden und ins Kielwasser geschaut, wo das Meerleuchten immer am stärksten war, sodaß es oft schien, als breite sich ein mit strahlenden Brillanten besetzter Streifen von einem weißen Hermelinmantel über die See hinaus.

Der nächste Tag fand mich schon früh an Deck. Ich hatte im Wasser des Ozeans ein erquickendes Wannenbad genommen und genoß sodann den herrlichen Morgen. Unvergeßlich ist mir die bezaubernde Aussicht vom Schiffe aus auf die portugiesische Küste, die mit schneeweißen Städten und prächtigen Schlössern geradezu übersäet zu sein schien.

Den ganzen Tag hatten wir das Land in Sicht. Am Nachmittag fuhren wir an den Berlengasinseln vorbei, einigen mächtigen aus dem Meer emporragenden Felsblöcken, die der Seemann gern recht weit links liegen läßt.

Je mehr wir uns Lissabon näherten, desto großartiger wurde die Küste. Mächtige Weinberge sandten ihre Grüße zu uns herüber und weckten in uns das Verlangen, den Saft jener edlen Reben, den berühmten Colareswein, zu kosten. Die Hügelkette ging allmählich in ein hohes Gebirge über, und endlich sahen wir die hochragenden Waldberge von Estremadura vor uns, auf ihrem Kamme oben die romantischen Königsschlösser von Sintra. Nie bisher in meinem Leben sah ich solch ein großartiges Gebirge, dessen Fuß vom Meer umspült wird. Bei Cap Roca bogen wir abends in die weite, von

Fischerbooten und Seglern reich belebte und von der untergehenden Sonne goldig beschienene Bucht ein, welche die Mündung des Tajo-Flusses bildet. Ein portugiesischer Lotse kletterte an Bord und führte das Schiff stromaufwärts, bis wir ca. 10 Uhr bei Belem unweit der Stadt Lissabon vor Anker gingen.

Nach 5-tägiger Seefahrt wieder still auf einem Fluß zu liegen, von den nahen Ufern her das Gebell der Hunde, das Pfeifen der Eisenbahnen zu hören, den würzigen Duft des eben gemähten Heu's einzuatmen, das wirkte doch auf unser Gemüt höchst erquicklich. Waren wir auch weit weg von der Heimat, wir waren doch noch in Europa, und unter unsern Füßen hatten wir Hamburger Boden. Lange genossen wir den ländlich stillen Abend, die balsamische Luft und den sternenklaren Himmel. Dann gaben wir unserer fröhlichen Stimmung Ausdruck in heiterer und ungetrübter Geselligkeit.

Nicht minder wohltuend wie dieser ruhige, harmonische Abend auf dem Tajo berührte mich der folgende stille, dustige Morgen. Um 5 Uhr stand ich bereits neben dem Kapitän auf der Brücke, die Anker wurden gelichtet, und hinein ging es in den berühmten Hafen von „Lisboa". Wir hatten ganz dicht bei der Stelle geankert, wo einst, am 8. Juli 1497, der kühne und glückliche Seefahrer Vasco da Gama mit seinen mutigen Gefährten sich eingeschifft hatte, und wo er 2 Jahre darauf auch wieder gelandet, nachdem der Seeweg von Europa nach Ostindien entdeckt war. Die Stelle ist seit alters am Ufer durch den ins Wasser hineingebauten, wunderbar zierlichen und gotisch gehaltenen, mit vielen Zinnen und Erkern geschmückten „Torre de Belem" bezeichnet, in dessen Nähe sich da, wo Vasco einst ein Abschiedsgebet gesprochen, ein stolzer Bau erhebt, das herrlichste Gebäude Portugals, das Hieronymuskloster mit der Kirche Santa Maria de Belem.

Diese beiden Baudenkmäler, die dort am Tajo den Ruhm des großen portugiesischen Seehelden vereinigen, machten an jenem Morgen im Gold der aufgehenden Sonne einen geradezu märchenhaften Eindruck auf mein Auge, das sich an dieser nie geschauten Architektur gar nicht lange genug weiden konnte. Aber unser Schiff glitt bald daran vorüber; vorbei ging es an mehreren großen Forts, die den breiten Hafen beherrschen, vorbei auch an mehreren großen Kriegsschiffen, die friedlich auf dem Strome lagen. Bald nach 7 Uhr war nach großer Mühe das Schiff endlich an einer mächtigen Boje mitten auf dem 1 1/4 Meilen breiten Tajo vertäut, der Arzt und die Zollbeamten kamen an Bord, Kohlenleichter legten sich längsseits, und zahllose, braune Schauerleute mit mächtigen, hohen Wollmützen auf dem Kopf begannen ihre rastlose Arbeit. Ein freundlicher Herr von der Schiffsagentur aber brachte uns Grüße aus der Heimat und nahm von mir eine Depesche mit an Land, die er sofort nach Hamburg befördern sollte. Sie lautete nur „splendid" dies eine Wort aber besagte verabredetermaßen, daß ich eine herrliche Reise bis Lissabon gehabt und von der Seekrankheit verschont geblieben sei.

2. Lissabon

4. und 5. Mai 1897

Ein leichtes Ruderboot beförderte an jenem Dienstag früh eine aus sechs Herren und einer Dame bestehende, fröhliche Gesellschaft von der „Porto Alegre« an Land. Höchst gespannt und erwartungsvoll spähte ich aus nach dem Hafen während der etwa viertelstündigen Tajofahrt. Von Lissabon hatte ich manches gehört, besonders, daß sehr schöne Weintrauben von dort versandt werden, aber auch von seiner herrlichen Lage. Nun sollte ich die portugiesische Hauptstadt mit eigenen Augen sehen.

Gegen 9.30 Uhr sprangen wir bei einer kleinen Landungsbrücke aus dem Boot. Die Sonne brannte, und unangenehme Dünste entstiegen dem Schlamm der Ufer. Wir eilten davon und standen bald vor einem mächtigen, triumphbogenartigen Thor mit vielen historischen Figuren, dem 1873 vollendeten Ruhmesbogen. Vor demselben dehnt sich ein weiter, mit großen Gebäuden und hübschen Arcaden umschlossener Platz aus "Praça do Comércio", der nur nach dem Hafen hin offen ist, so daß man von allen Schiffen aus die kolossale, kupfergrüne Reiterstatue sehen konnte, welche dort das Andenken Josephs I. von Portugal ehrt. Auf dem Sockel des Denkmals kauerten mehrere faule Portugiesen und Neger. Ringsumher aber grünten im sommerlichsten Blätterschmuck viele schattige Bäume, deren Anblick uns alle zunächst sehr überraschte. Fing doch vor 5 Tagen in Hamburg der Frühling eben erst an, sich zu regen.

Wir schlenderten nach gründlicher Besichtigung des interessanten Platzes weiter. Zwar hätten wir auch einen der zahlreichen, offenen Straßenbahnwagen, – in Lissabon „Amerikane" genannt, – besteigen können, die von mageren Maultieren mit langen Ohren und dünnen Schweifen gezogen wurden, doch sahen dieselben uns verwöhnten Deutschen nicht ordentlich und sauber genug aus. So ging es zu Fuß zunächst zum Geldwechsler, der uns für unser blankes Silber lauter schmutzige Papierfetzen einhändigte; in Portugal gibt es nur wenig bares Geld, sondern fast immer nur Papier. Dann durchquerten wir mehrere Straßen, und schauten in die ausnahmslos geöffneten Laden, die teilweise recht originell waren.

Dort war z. B. ein Milchladen, in dem nicht rote Eimer und Gefäße, sondern aus sauberem Heu und Stroh vor marmornen Krippen die Kühe selber standen. Am meisten gefiel mir die breite, lange „Avenida"-Straße mit ihren Palmenhainen und doppelter Akazienallee, mit ihren schmucken Häusern, an deren Frontwänden farbige Glasursteine schimmern. Mitten auf dieser Straße rauschten Brunnen und Fontänen. Oben unter den Fenstern aber im Sonnenscheine schaukelten sich bunte Papageien in großer Zahl. Ein riesiger Obelisk am Ende dieser Straße, der an die vielen Kolonien der Portugiesen erinnert, verleiht ihr noch einen besonderen Reiz.

Unsere Absicht war es, nicht den ganzen Tag in der heißen Stadt zu bleiben, sondern einen Ausflug nach den bereits erwähnten Königsschlössern von Sintra zu machen. So begaben wir uns nach dem Zentralbahnhof, der uns alle durch die künstlerische Pracht seines Baues entzückte, und stiegen in die Eisenbahn, auf der wir nun eine unvergeßliche, einstündige Fahrt machten. Zuerst ging es freilich durch einen finstern Tunnel, dann aber im heitersten Sonnenschein vorbei an üppigen Gärten mit blühenden Rosen- hecken und Weinlauben, an Hainen mit goldgelben Zitronen und Apfelsinen, an wildwachsenden Aloen und Kakteen. Rechts und links sah das Auge viele romantische Gebäude, darunter, auf gewaltigen Bögen gebaut, eine altberühmte Wasserleitung, Windmühlen mit aufgespannten Segeln an den Flügeln, uralte Ruinen aus der Zeit des großen Erdbebens, das im Jahr 1743 ganz Lissabon in einen Trümmerhaufen verwandelte. Auf den Feldern regten sich bei der Heuernte geschäftig die Landleute, sonnengebräunte, schwarzhaarige Menschen, alle barfuß und Wollmützen auf dem Kopf. Lustig trabende Esel trugen die großen Heubündel nach Hause. Am hohen, blauen Himmel wiegten sich schwarze Adler und weiße Möven. Oft hatten wir einen freien Blick auf den Strom, bald aber verschwand die Aussicht, die Gegend wurde waldig und gebirgig, die Lokomotive hatte schwere Arbeit. Noch eine Viertelstunde; wir waren am Ziel und zogen durch die lieblichen Gassen der hügeligen, blumigen Gartenortschaft Sintra.

Ein banditenartig aussehender Eseltreiber führte uns in Sintra an entzückenden, rosenumrankten Häusern vorüber, die auf mich den Eindruck machten, als seien sie lauter in moosiges Gestein verwandelte, süße Gedichte. Wo die Häuserreihen aufhörten, rauschte von einem waldigen Felsabhang ein Quell herab, an der

Landstraße einen klaren Bach bildend, an welchem fröhlich scherzende Mädchen und schwatzende Weiber mit zigeunerhaftem Gesicht ihre weiße Wäsche blauten und spülten. Hier bog der Pfad in einen immer steiler werdenden, schmalen Hohlweg ein, auf dem wir nach einer rüstigen Wanderung das freundliche „Hotel Netto", ein sonniges, sauberes Gasthaus erreichten. An blumengeschmückter Tafel wurde uns hier ein billiges und vortreffliches Frühstück gereicht, bei dem das zarte Ziegenfleisch mit jungen Erbsen, die Erdbeeren, Mandarinen und saftigen Mispeln den meisten Zuspruch fanden. Ein schöner, roter Landwein stand in großen Flaschen – wie bei uns der Gänsewein – auf dem Tisch, aus denen jeder trinken durfte, so viel er wollte.

Nach dem fröhlichen Mahl bestieg jeder von uns einen muntern Esel, und nun ging es hinauf in lustigem Ritt durch einen Bergwald mit blühendem Immergrün unter mächtig ragenden Baumriesen dahin. Nachdem unsre Esel uns eine halbe Stunde wacker durchgeschüttelt, jedoch ohne jemand abzuwerfen, saßen wir ab, um zu Fuß zunächst einen der aus den Höhen des Gebirges gelegenen königlichen Gärten zu besichtigen. Welch' eine Pracht auf den Beeten und Ordnung auf den Wegen! Wald und Garten wechselte in diesem Park beständig miteinander ab: Im Garten bunte, duftige Gewächse aller Art und dazwischen plätschernde Goldfischteiche mit hübschem Gestein, im Walde uralte, verwitterte Grotten, wildwachsende Fuchsien und dichte Haine von blühenden Kamelien. Hier an einer mächtigen, grün bewachsenen Felswand entdeckten wir eine Inschrift und darüber neben dem Halbmond des Islam ein christliches Kreuz, – es war eine Grabstätte aus der Zeit, da die pyrenäische Halbinsel noch der Schauplatz furchtbarer Kämpfe zwischen Christen und Muhammedanern war. Gleichfalls aus der Maurenzeit stammte dort der flache, eigenartige Bau mit einer Art Zisterne in seinem Innern. Wir schauten hinein in das unheimliche Dunkel, das sich über dem schwarzen, stillen Wasserspiegel ausbreitete, und lauschten auf die Erzählungen unsers Führers, nach welchen einst maurische Helden sich in diesen Gewässern beim Schein der Fackeln gebadet. Ein Dichter hätte das düstere Bild sicherlich als Motiv zu einem Nixenmärchen oder zu einem elegischen Klagelied benutzt. Mitten in dieser romantisch zauberhaften Umgebung sahen wir die herrlichen Königsschlösser ragen. Auf luftiger Bergeshöhe schauen sie aus dunklem Wald heraus weithin in die Lande, weithin über den unermeßlichen Ozean, dessen Wogen am Fuße der Berge branden. Versunken in schweigendes Staunen standen wir an dem morschen Gemäuer, das die schmale Stiege einfaßt, welche zum Burgtor führt. Wir konnten uns nicht satt sehen, doch endlich trieb die brennende Sonne uns weiter. Zwei der Schlösser nahmen wir in Augenschein. Es waren nach alten, maurischen Vorbildern renovierte Prachtbauten mit zahllosen Zinnen, Zacken und Erkern. Wir wähnten uns um einige Jahrhunderte zurückversetzt in die romantische Zeit des spanischen Rittertums, da der Cid auf solchen stolzen Burgen hauste. Mir aber machte dort oben den tiefsten Eindruck eine Kapelle mit ihren wunderbaren Glasfenstern, welche die Emmausgeschichte künstlerisch zum Ausdruck bringen und ein wirkungsvolles Zwielicht in dem feierlichen Raum erzeugen. Auch ein selten fein geschnitztes Altarbild und mehrere Gemälde des berühmten Malers Murillo fesselten mich aufs Höchste. So erfüllt war Auge und Herz von den geschauten Herrlichkeiten, daß der Rückweg mit dem Eselritt nach Sintra und der Bahnfahrt nach Lissabon uns nur recht kurz zu sein schien. Nichts kürzt ja die Zeit mehr als rege Beschäftigung unseres Geistes mit lebendigen Eindrücken und fesselnden Erinnerungen. In Lissabon fand der poesievolle Tag nun einen prosaischen Abschluß: Mittagessen und Besorgungen.

Nachdem wir für unser schmutziges Papiergeld einige Kleinigkeiten für unsere Lieben daheim eingekauft, auch Erdbeeren und Kirschen für unsere Freunde an Bord besorgt hatten, eilten wir zum Hafen und segelten bei frischem Wind in wenigen Minuten hinüber zu unserer „Porto Alegre«. Als wir uns nach der ereignisreichen Wanderung im fremden Lande wieder an Bord befanden, überkam uns heimatliche Freude. Laut schallte über den stillen Tajo unser Sang: „Der Mai ist gekommen", und echt deutsche Herzlichkeit sprach aus dem Ton der Trinksprüche, die an jenem Abend das Lob unseres Kapitäns und unserer Schiffsoffiziere verkündigten.

Der nächste Tag war bis zur Abfahrt unseres Schiffes wieder der Besichtigung der Stadt Lissabon gewidmet. Ich hatte eine Empfehlung von Hamburg an einen jungen Kaufmann in Lissabon, der in liebenswürdigster

Weise stundenlang mit mir in seiner Vaterstadt umherzog, mir vieles Interessante zeigte und erzählte.

In fremden Städten besichtige ich immer gern die Märkte, weil sich hier meist ein besonders anschauliches Bild aus dem Volksleben darzubieten pflegt. Solch ein großartiger Anblick aber, wie ihn mir die große Markthalle von Lissabon gewährte, war mir etwas durchaus Neues. Welche Fülle von köstlichen Früchten und schönen Gemüsen war dort auf Hunderten von Tischen ausgebreitet! Goldgelbe Apfelsinen, noch mit grünen Blättern am Stengel, frisch gepflückt, lagen zu Tausenden zum Kauf aus. Und was unser Hopfenmarkt erst im Juli oder August aufweist, war dort bereits am 5. Mai vorhanden. Von der Gemüseabteilung gingen wir zu den Schlachterbuden, wo unzählige Ziegen, lebendige und geschlachtete junge Tierchen, seilgeboten wurden. Am anziehendsten war die Fischhändlerseite. Nie sah ich solche Fische: lange, schwertförmige Zitteraale, platte, runde Goldfische, riesige Hammer ohne Scheren, mit langen Fühlhörnern und steinigen Schmarotzern auf dem Rücken, Krabben von der Größe unserer Krebse, Muscheln in den verschiedensten Sorten waren von laut durcheinander schreienden Portugiesen dort ausgestellt. An den Ausgängen der Halle wurden allerliebste, kleine Käfige mit zirpenden Heimchen oder Grillen verkauft. Leider fehlte es an der Zeit zu einer gründlicheren Besichtigung des originellen Markttrubels. – Wir eilten aus der Halle zu einigen der reich geschmückten, herrlichen katholischen Kirchen, bewunderten in einer Basilika eine dem Täufer geweihte, weit berühmte Kapelle mit kostbaren Mosaikgemälden und schweren, seidenen, aus echter Goldstickerei gefertigten Vorhängen, und unterhielten uns dabei über das kirchliche Leben in Portugal. In diesem durch und durch katholischen Lande muß die Kirche alle religiöse Kraft verloren haben, sie scheint dem Gespötte des Volks verfallen zu sein und nichts mehr zu bieten, was irgendwie geschätzt und anerkannt wird. Der geistliche Stand wird von den Gebildeteren verachtet, nur noch von ganz blind katholischen Eiserern verteidigt. Mir wurde der Katholizismus der Portugiesen als krasses Heidentum geschildert, so daß ich mich fragte, warum denn von unserer evangelischen Kirche aus der Missionsbefehl des Herrn nicht auch auf Portugal bezogen und angewandt wird. An religiösen Bedürfnissen der Herzen fehlt es nicht. In der Umgegend von Lissabon gibt es bereits kleine Kreise evangelisch gerichteter Christen, die stille, gesegnete Zusammenkünfte abhalten, aber viel Hohn und Hetzerei von seiten der römischen Kleriker zu erleiden haben. Wenn zunächst wenigstens die Teilnahme einiger Freunde des Reiches Gottes der Sache des Evangeliums in Portugal dienen möchte! – Im Laufe der Unterhaltung waren wir in der Stadt an eine steil emporführende Straße gekommen. Wir benutzten die Zahnradbahn, die uns in wenigen Minuten vom unteren Ende dieser merkwürdigen Straße hinaufbeförderte zu einem prachtvollen Platz mit schönen Häusern und reichen Gartenanlagen, von dem aus wir die auf 7 Hügeln amphitheatralisch und höchst malerisch aufgebaute Tajostadt mit all' ihren landschaftlichen Reizen überschauen konnten. Durch breite, schöne Straßen, in denen nebeneinander vornehme Patrizierhäuser und schlichte Arbeiterwohnungen stehen, und über große Plätze mit tropischen Palmen und Gewächsen gelangten wir zu der sog. polytechnischen Schule, wo Vorlesungen über alle Gebiete der Wissenschaft, Kunst und Technik gehalten werden, deren Studium für den höheren Zivil- und Militärdienst im Staat nur irgend erforderlich ist. Am Polytechnikum vorbei ging es in den botanischen Garten, den wir eingehend besichtigten, und der mich geradezu entzückte mit seinem süßen Duft, seinen schattigen Fächer- und Dattelpalmen, seinen hohen Gummibäumen, Zedern, Aloen, Farren und stachelarmigen Kakteen.

Nur der Hunger konnte mich bewegen, diesem sonnigen Zauberparke, der mich unwillkürlich an das Paradies unsrer Bibel erinnerte, den Rücken zu wenden, um wieder in die untere Stadt zurückzukehren und hier ein würziges portugiesisches Frühstück einzunehmen.

Nach demselben lud mich mein freundlicher Führer zu einer Wagenfahrt ein, die uns am Hafen entlang nach der Vorstadt Belem führte, wo wir nun in der Nähe das vorhin erwähnte Hieronymuskloster zu Gesicht bekamen. An dem reich und mannigfaltig geschmückten, teils gotisch, teils maurisch gehaltenen Bau, der jetzt als Findel- und Waisenhaus dient, bewunderte ich vornehmlich die gewaltig hohe Kirche mit ihren Säulen, so hoch und schlank, wie man sie kaum anderswo sieht, und den prachtvollen Kreuzgang, der einen allerliebsten kleinen Palmenhain umschließt.

Vom Kloster fuhren wir weiter zum königlichen Palast und zu den herrlichen Gärten, die denselben umgeben und zum Teil aus schattigen Ölbaumhainen bestehen. Auch einen Kirchhof passieren wir, wo die Lissaboner ihre „Gräber" haben, d. h. nicht unter, sondern über der Erde gemauerte Kammern, in welchen die Särge aufbewahrt stehen. Neben diesen weiß getünchten Grabkammern stehen einsam trauernde, dunkle Zypressen, durch deren Gezweig der Seewind rauschte, daß es klang wie wehmütige Klagelieder. – Vieles erinnerte mich an den Orient an jenem Tage, nicht zum wenigsten auch die Menschen, deren semitischer Typus gar deutlich das Araberblut verrät, das in den Adern der Portugiesen fließt. Im Norden Portugals freilich sollen noch in den Bergen Söhne der Alanen wohnen mit blondem Haar und blauen Germanenaugen, Nachkommen unserer Vorfahren aus der Zeit der Völkerwanderung. Um 4 sollte nachmittags die »Porto Alegre« in See gehen. Ich hatte mich etwas lange aufgehalten und bei den fesselnden Eindrücken von Lissabon gar nicht nach der Uhr gesehen. So war schließlich fliegende Eile nötig geworden. In großer Hast gelangte ich an Bord, und kaum 5 Minuten war ich da, so gingen die Anker auch schon auf. Lissabon entschwand allmählich unsern Blicken und damit Europa. Ein klein wenig zitterte mir doch das Herz, als wir nun in den weiten Ozean hinaussteuerten hinüber nach Amerika.

3. Quer über den südatlantischen Ozean

5. bis 15. Mai 1897

So lange wir noch auf dein Tajo fuhren, saß ich an Deck, teils hinüberschauend zu den weißen Bauten der Stadt, zu den Weinbergen am Ufer, zu den Schiffen im Hafen, teils mit meinem Tagebuch beschäftigt, in welches ich mir über alle meine Erlebnisse und Eindrücke gern gleich einige Notizen machte. Ich beschrieb das laute Getriebe aus den Straßen Lissabons, das merkwürdige Geschrei der Fischhändler mit ihren Mulden auf dem Kopf, die unerhörte Zudringlichkeit der zahllosen Weiber und Kinder, die überall jedem Passanten Lose für die wöchentlich stattfindenden, großen und beliebten Geldlotterien feilboten, das Treiben der Krämer, die mit Olivenöl und Petroleum, von Eseln getragen, ihre Kunden aussuchten. Auch über die unzähligen Bettler trug ich mir Vermerke ein, die an den Straßenecken umherhockten, jedem die entblößten Wunden an Arm oder Bein zeigten und dabei manche Münze von den eleganten Lissaboner Herren zugeworfen bekamen. Daß ich die Königin von Portugal, in goldener Galakutsche sitzend, von vielen hohen Offizieren umgeben, gesehen hatte, daß man in Lissabon fast mehr Militär- als Zivilpersonen auf der Straße trifft, daß jeden Sonntag grausame Stierkämpfe, zu denen Tausende sich drängen, in Lissabon stattfinden, daß Reiche und Arme, jene für teures Geld im Schatten, diese für wenige Heller in der Sonne sitzend, mit gleich fieberhafter Spannung das rohe Schauspiel verfolgen, daß die Wohnungen der

Krankenwärterinnen für jedermann kenntlich gemacht sind durch ein unten am Haus-eingang angebrachtes, blaues Kreuz auf weißem Grunde, – auch diese und viele andere Beobachtungen wurden rasch noch, bevor wir in See stachen, um daheim erzählt zu werden, gebucht. – Ich war gerade mit allem fertig, als wir die Tajomündung verließen. Es blies ein steifer Wind aus Nord-West, und ziemlich hoch gingen die Wogen des Ozeans, sodaß das Schiff tanzte und mächtig rollte. Als wir um 6 Uhr abends zu Tische gingen, schlug zum ersten Mal eine Sturzwelle über das Achterdeck. Die Bullenaugen mußten zugeschoben und an den Speisetischen die sog. Schlängelleisten aufgeklappt werden, die das Herunterrutschen der Teller verhindern sollen. Trotzdem aber zerbrachen zu allgemeiner Erheiterung an diesem Abend viele Flaschen und Schüsseln und stürzten mit lautem Geklirre vom Tische. Wir selber wären gewiß auch mit umgefallen, wenn wir nicht auf unsern festgeschrobenen Drehsesseln gesessen hätten. Wer von seinem Platz hinausschaute, sah abwechselnd jetzt nur Wasser, gleich darauf aber wieder nur Himmel. So rollte das Schiff von einer Seite zur andern. Die Suppe konnte daher nur mit großer Mühe, indem man den Teller in der einen Hand hielt, ausgelöffelt werden. Das war für uns, die wir gesund und guter Dinge waren, ein lustiges Mahl. In den Kammern um uns her aber ächzten viele von der Seekrankheit jäh ergriffene Passagiere, jammervolle Töne drangen von den Unglücksstätten an unser Ohr, doch viel Mitleid pflegt mit dieser gesunden Krankheit auf See nicht empfunden zu werden. Etwa 2 Tage dauerte die Fahrt von Lissabon nach den kanarischen Inseln, jenen westlich von Marokko, etwas südlich vom 30ten Breitengrad mitten aus dem Ozean herausragenden Felsriesen, über deren weiten Rücken sich mächtige, grüne Waldungen, lachende Fluren und gesegnete Weinberge hinziehen. Zahllose Dörfer und viele hübsche Städte entdeckt das Auge des vorüberfahrenden Reisenden; malerisch und terrassenförmig sind sie von den Spaniern hingebaut an die steilen Küsten der lieblichen Ozeaninseln, über die immer ein lauer, gesunder Seewind dahinstreicht, während vom heiterm Himmel herab, nur selten von fruchtbaren Regengüssen unterbrochen, die Sonne hier stets freundlich strahlt. Das Klima auf den kanarischen Inseln ist daher so milde und wohltuend, und die Menschen aus denselben haben so fröhlich leuchtende Augen und so lebensfrohe Herzen, – daß zu jeder Jahreszeit sehr viele müde und erholungsbedürftige Menschen aus England und besonders auch von der afrikanischen Küste das friedlich sonnige Paradies von Gran Canaria oder von Teneriffa aufsuchen.

Unsere Fahrt bis zu diesen Inseln, an denen wir auf der Ausreise übrigens leider in der Nacht vorbei dampften, war überaus köstlich. Das Meer wurde nach jenen unruhigen Stunden hinter Lissabon bald bedeutend stiller, und die Bewegung unseres Schiffes eine ganz regelmäßige, so daß allmählich auch die grünsten Gesichter wieder Farbe und die verzagtesten Kranken wieder Mut bekamen. Die große Dünung des Ozeans mit den langen Riesenwellen, die das Schiff beständig senken und heben, dauerte freilich fort und nötigte uns zu täglichen Gehübungen, die auch gut gelangen, so daß ich schließlich selbst bei stärkerer Bewegung überall auf Deck sicher und fest umhergehen konnte, ohne zu schwanken und mich zu stoßen. Die Beine gewöhnten sich sogar derartig an diese kautschukartige Gehweise an Bord, daß sie schließlich auf festem Boden an Land die Schiffsbewegung geradezu vermißten und sich höchst ungemütlich beim Gehen fühlten.

Das Deck unseres Schiffes hatte in Lissabon ein ganz verändertes Aussehen erhalten. Vorn im Zwischendeck waren mehrere portugiesische, sehr wenig saubere Arbeiterfamilien untergebracht worden. Auch ein Jude aus Tunis mit seinen Angehörigen reiste mit, ein Frommer nach der Weise seiner Väter, der täglich zu bestimmten Stunden, auch wenn um ihn her das Deck gewaschen oder sonst laut gearbeitet wurde, sein stilles Plätzchen am Fockmast aufsuchte, seine Gebetsriemen und Stirnbänder anlegte und andächtig aus einem hebräischen Gebetbuche las und betete. Obgleich er vor Schmutz starrte, so habe ich doch oft mit dem Alten gesprochen und hie und da auch hebräische Psalmen mit ihm gelesen. Mich rührte die Treue seiner Frömmigkeit. Wenn er mich sah, so rief er mir grüßend zu: „Schalom lecha!" d. h.: „Friede sei mit dir!"

Außer den Zwischendeckern waren es die verschiedenen für den Schiffsschlachter bestimmten Tiere, die das Vorderdeck belebten, so daß man, wenn man nicht auf das Meer schaute, sondern nur auf die verschiedenen Töne hörte, sich hätte einbilden können, auf einem Bauernhof zu weilen. Hier brüllte ein großer Stier mit riesigen Hörnern aus seinem Stall heraus, neben ihm blökten 5 fette Hammel, und in der Nähe grunzten einige Schweine, die bei dem täglich ihnen verabfolgten Seebad mit dem Schiffsschlauch und der guten Kost von Tag zu Tag zunahmen und schließlich nur so glänzten. Dort aber hatte das Federvieh seine Behausung. Morgens früh krähten viele Hähne durcheinander, und den ganzen Tag schnatterten zahllose Enten. Auch an einigen Hunden und Katzen fehlte es nicht. Kurz, es war ein buntes und reges Leben auf dem Schiff den ganzen Tag über. Erst abends ward es ruhig. Dann aber versammelten sich die Matrosen und die anderen Seeleute vor der großen Luke und lauschten den luftigen Klängen einer Harmonika. Oft auch gab es Orchestermusik, indem die Harmonikamusik verstärkt wurde durch eine kleine Trommel und eine große mit einem Tamtam versehene Pauke. Erschollen diese festlichen Töne, so wurde auch wohl ein fröhliches Tänzchen arrangiert. Ich schaute dem muntern Treiben öfter von der Brücke aus zu. Wunderbar mutete es mich immer an, wenn ich eben meine Blicke hatte hinausschweifen lassen auf den stillen, dunklen, weiten Ozean oder empor zum sternklaren Himmel, und mein Auge fiel dann wieder auf die kleine Schar, die über der gewaltigen Meerestiefe auf dem engen Fleckchen des Schiffsdecks sich vergnügte, sorglos wie in einer Dorfschenke auf dem Lande.

Nicht minder fröhlich als die Feierabendstunden der vorn auf dem Schiff sich vergnügenden Seeleute und Zwischendecker war das Leben der hinten in den Kajütsräumen sich aufhaltenden Passagiere, die sich untereinander und mit dem Kapitän, dem 1. Offizier und dem 1. Ingenieur recht bald zu einer Art Familie zusammenschlossen. Morgens beim Kaffee trinken von 7-8 Uhr, mittags von 11-12 beim „Lunch" und abends von 5-6 beim „Dinner" saß man beisammen an der stets, besonders aber sonntags und donnerstags sehr reich und voll besetzten Tafel. Gemeinsam lobte man sich dann an den vortrefflichen Gerichten, spendete dem Verwalter Lob für seine erfinderische Zusammenstellung der Menüs, dem Schiffskoch für sein schmackhaftes Labskaus, dem Bäcker für seine frischen Kuchen, dem Obersteward für seine tadellosen Salate und seinen Untergebenen für ihre wirklich musterhafte und stets freundliche, zuvorkommende Art, zu bedienen und aufzuwarten. In den Zwischenstunden unter- hielten wir uns über unsere Reiseeindrücke und allerlei Fragen, die uns nahe lagen. Oft wurde auch musiziert, gesungen, gegeigt, Klavier gespielt. Manche konnten sich stundenlang an harmlosem Karten- oder Würfelspiel, besonders dem sogenannten »Plus Plus Mal« ergötzen, d. h. nie um Geld, in der Regel um eine Flasche Bier, oft auch zum Besten des Vereins für Rettung Schiffbrüchiger, der auf jedem Schiffe eine Büchse hängen hat. Wieder andere ergaben sich mit unermüdlichem Eifer allerlei beliebten Schiffsspielen, z. B. einem „Indianerspiel« mit kleinen Pfeilen, die auf eine Scheibe geschleudert werden, – einem „Schinkentellerspiel«, bei dem hölzerne Teller mit einer Art Schaufel so übers Deck hingeschoben werden müssen, daß sie auf großen Kreidezahlen liegen bleiben, – einem Brettspiel, bei dem es darauf ankommt, mit Geschick aus einiger Entfernung kleine, in Leder eingenähte Metallstücke auf die Felder eines schrägen Brettes zu werfen. Wurde es zu heiß, oder war man vom Essen zu satt, so machte man auch wohl in einem der vorhandenen sog. Triumphstühle ein Schläfchen oder las in einem Buche der Schiffsbibliothek. Ich habe nie in meinem Leben so viel und so gut geschlafen, wie in den 60 Tagen an Bord. Großen Reiz hatte übrigens für mich auch die Lektüre in meinem hebräischen Psalter und in meinem griechischen Homer, dessen Odyssee auf See den Leser aufs genußreichste und fesselndste beschäftigt. Jedenfalls hatte ich niemals Langeweile.

Sehr häufig und gern wanderte ich auf dem Schiff umher, um die verschiedenen Teile desselben kennen zu lernen, auch weil ich meine Freude an der Unterhaltung mit dem Schiffspersonal hatte. So ließ ich mir von dem Maschinisten die ganze Maschine zeigen, besichtigte die heißen Räume, wo die Heizer und Trimmer ihre saure und schwere Arbeit verrichteten, spazierte auch einmal durch den elektrisch beleuchteten, langen, schmalen Raum, in welchem die baumdicke, massive Stahlwelle ihre rastlosen Drehungen macht, durch welche draußen unterm Steuerruder die gewaltige Schraube in Bewegung gehalten wird. Auch den dicken, freundlichen Verwalter durfte ich oft begleiten und in feinem Proviantraum ganz vorn am Bug die dort aufgespeicherten frischen und wohlkonservierten Mundvorräte in Augenschein nehmen. Aber freilich, meistens waren wir doch hinten beisammen, besonders an den Abenden von 8 oder 9 Uhr an in dem behaglich eingerichteten, natürlich auch elektrisch beleuchteten Rauchsalon.

Die Abende im Rauchsaal boten fast immer Stunden ungetrübter Freude. Manchmal wurden die am Tage nicht zum Abschluß gekommenen Spiele fortgesetzt, oft fanden auch kleine Konzerte statt, bei denen die Kunst zwar nur gering, die Dankbarkeit der Zuhörer aber desto größer war, mochten nun Lieder gesungen oder Tänze gespielt oder der Fidelbogen über die alte, irgendwo aufgefundene Geige gestrichen werden. Wie waren wir alle dann oft so froh und vergnügt! In der Regel aber pflegten wir uns bei einem Glas Bier und einer Zigarre zu unterhalten, ja, hie und da sogar uns über Meinungsverschiedenheiten scharf auseinanderzusetzen; waren wir doch eine sehr verschiedenartig zusammengesetzte Gesellschaft mit weit auseinanderliegenden Lebensansichten und Grundsätzen. Unser Kapitän verstand es jedoch, für die Innehaltung der Grenzen, innerhalb deren ein harmonisches Zusammenleben möglich blieb, oft auf feine, oft auf derbe Weise meisterlich zu sorgen.

Er selbst und auch seine Offiziere erzählten mit Vorliebe und immer zu unserer großen Belustigung allerlei Scherze, Abenteuer und Erlebnisse aus ihrer seemännischen Vergangenheit.

Eine dieser Geschichten handelte z. B. von einem Schiffsjungen, der sich an das Meeresrauschen so gewöhnt hatte, daß er nach seiner ersten Reise daheim nicht schlafen zu können behauptete. Erst als die überzärtliche Mutter einen Dienstmann beordert hatte, der die ganze Nacht aus einem Eimer Wasser ans Fenster plätschern mußte, konnte der Schlingel seine Nachtruhe finden.

Viel Heiterkeit erregte auch die Erzählung von einem Matrosen, der nach monatelangen Entbehrungen aus dem Meere sich in der ersten Hafenstadt zu einem so starken Rausche habe hinreißen lassen, daß er seine eigenen Gliedmaßen nicht mehr unterscheiden konnte, sondern seine Nase irrtümlicherweise mit einem Leichdornmesser bearbeitete, sodann aber sich den Stiefel auszog, um den Fuß mit einem Schnupftuch und einer Prise zu bedienen.

Die Seemannsgeschichten erinnern, wie man sieht, eben sehr an das sog. Jägerlatein. Ein wahrer Kern liegt ihnen aber doch immer zu Grunde, und darum hört man sie immer wieder gern an. Das war auch der Fall, wenn einer der Steuerleute von seinen Erlebnissen im stillen Ozean erzählte, wo er längere Zeit als König über ein Inselvolk geherrscht, später aber Schiffbruch gelitten habe und über 14 Tage in Rettungsbooten hin- und hertrieb, bis in der äußersten Not die Hilfe endlich gekommen sei.

Besonders festlich gestalteten sich drei unserer Abende. Das eine Mal feierte ein Mitreisender seinen Geburtstag. Schon beim Mittagessen hatte der Obersteward seinen Platz mit einer Guirlande geschmückt, die freilich nicht aus natürlichen Blumen bestand, sondern aus kunstvoll mit dem Messer geschnitzten und mit Rotebeet gefärbten Kartoffeln. Sie glichen den schönsten Purpurrosen. Abends wurde ein Fäßchen aufgelegt; ein junger Passagier tanzte einen russischen Matrosentanz in Kostüm, ein anderer trug mit einer Guitarre ein Ständchen vor, und der Kapitän spendierte eine große Schüssel leckerer Butterbrötchen. In ähnlicher Weise wurde dessen Hochzeitstag gefeiert, nachdem der Schiffskoch die Bedeutung des Tages verraten hatte. Die Zuckergußinschrift auf einem Kuchen hatte es verkündigt, daß unser Kapiteln heute vor so und so vielen Jahren am Traualtar gestanden. Das dritte Fest endlich galt, – wenn bereits hier davon die Rede sein darf, – dem Passieren des Äquators. Schon am Donnerstag, den 13. Mai, konnten wir morgens früh es merken, daß die „Linie" in der Nähe war. Während wir von Lissabon aus immer das schönste Wetter gehabt, besonders als wir uns erst in der Gegend des N.-O. Passatwindes befanden, herrschte am genannten Tage völlige Windstille, und es regnete in Strömen vom Himmel herunter, der sein leuchtendes Azurblau in bleigraues Wolkendunkel verwandelt hatte. Solches Wetter, zu dem sich oft schwere Gewitter, heftige Böen und unheimliche Wasserhosen gesellen, beherrscht ununterbrochen die windstillen Ozeangegenden jenes Erdgürtels, durch dessen Mitte der Äquator geht. Erst da, wo südlich vom Äquator der Passatwind einsetzt, hört der sog. Linienregen wieder auf. Am nächsten Morgen 8 Uhr befanden wir uns jenseits der Linie auf der südlichen Halbkugel unserer Erde. Es war selbstverständlich, daß wir dies Ereignis abends zuvor mit fröhlichen Liedern und festlichen Reden bei einem Fäßchen gebührend feierten. Großen

Scherz bereitete uns an diesem Abend einer unserer jungen Reisegefährten durch sein naives Vertrauen, mit welchem er sich die alten, lustigen Seefahrermärchen vom Äquator aufbinden ließ. Er fand z. B. nichts Sonderbares darin, daß die Linie durch eine schwere, die Erde umspannende Eisenkette bezeichnet sei, die in der Regel dem Schiff beim Passieren einen gehörigen Ruck versetze; auch schickte er sich an, seine Briefschaften in Ordnung zu bringen, um sie den am Äquator stationierten, internationalen Postbeamten, von denen man ihm erzählt hatte, zur Beförderung einzuhändigen. So waren wir denn bis Mitternacht fröhlich beisammen. Auf die sonst so beliebte Neptunsfeier freilich, bei welcher die ahnungslosen Neulinge mit Meerwasser getauft und Schornsteinruß geschwärzt werden, verzichteten wir lieber in Rücksicht auf unsere Garderobe. Vorn auf dem Schiff allerdings gab es der derben Späße genug. Auch von uns bekam einer, der sich verlocken ließ, der Schlachtung des großen Ochsen zuzublicken, einige Eimer Salzwasser über den Kopf, sodaß er zu allgemeiner Erheiterung pudelnaß davon laufen mußte.

Indessen, so sehr mich auch das Leben und Treiben an Bord anzog, so großen Reiz auch die ganze Umgebung auf mich ausübte, so hat mich doch auf der ganzen Reise nichts so mächtig ergriffen und wahrhaft entzückt wie die Natur des Weltmeers. In meinem Tagebuche steht einmal geschrieben: „Wer gibt mir Worte, Farben, Töne, in die ich die großen Eindrücke hineinlegen möchte, die auf dem Ozean Herz und Gemüt fesseln!" Wie gern hätte ich oft die geschauten Wunder ihrer

Herrlichkeit und meinem Empfinden entsprechend ausgedrückt oder irgendwie festgehalten! Jetzt lernte ich es verstehen, daß der Seemann in seiner Brust unüberwindlich die Sehnsucht nach dem Ozean trägt, der dem Auge und Sinne in ewigem Wechsel immer neue Bilder vorzaubert, eins schöner, großartiger als das andere. Mochte ich abends oder nachts auf der Brücke stehen oder am Heck ganz allein die erhabene Stille genießen, wenn alles bereits ruhte, wie überwältigend war dann das Schauspiel des nächtlichen Sternenhimmels, der weiten dunklen, oft rauschenden, oft schweigenden Meeresfläche! Dazu das Leuchten und Glühen des Kielwassers in grünlich blitzendem Schimmer, das Schäumen und Wirbeln des feurigen Sprühregens vorn am Bug! Es war mir oft, als spürte ich etwas vom Frieden der Ewigkeit und von der Majestät des Schöpfers, den die Seele unwillkürlich anbetend preisen mußte. Überhaupt war mir der Ozean immer mit seiner unendlichen Weite, in seiner majestätischen Größe, bei der völligen Abgeschlossenheit von der ganzen übrigen Welt mit ihrem Elend, ihren Kleinlichkeiten und Unruhen ein Abbild der ewigen Vollendung und Ruhe, die wir Christen einst im großen Reiche unsers erhöhten Herrn zu finden hoffen.

Auch am Tage stiegen die Gedanken oft genug hinauf zum Schöpfer, der die Allmacht seiner Liebe auf dem Meere so herrlich offenbart, mochte es in seiner wunderbaren, tiefen Bläue im Sonnenscheine glänzen, oder mochten die Wogen sich mit weißen Köpfen jagen und vor Lust sich spritzen mit Gischt und weißem Schaum. Großartig war es auch, wenn schwarze Wolken das Meer beschatteten, und plötzlich die durchbrechende Sonne dann einen unermeßlichen Regenbogen über den Wassern wölbte. Dann drängte sich wohl das Wort auf die Lippen: „Die Himmel erzählen die Ehre Gottes", die Brust aber fühlte sich so leicht und gehoben und atmete in vollen Zügen die erfrischende Luft ein, die die freie Gottesnatur jener Meere durchweht. Ja, es sind erhabene Bilder und Eindrücke, die der südliche Atlantik dem Gedächtnis unauslöschlich einprägt fürs ganze Leben!

Gern hätte ich einmal auf dem Meer einen Sturm erlebt. Gar viel hatte ich davon gehört, wie erschreckend schön der Anblick des wild aufgewühlten Ozeans ist, wenn brausende Winde darüber hintoben, die Seen übers Deck schlagen, und das donnernde Getöse der Meeresnatur an den Zorn und Groll des heiligen Gottes erinnert. Indessen blieben wir, was auch wohl im Grunde sehr gut war, die ganzen 9 Wochen hindurch von allem Unwetter verschont. Nur einmal klatschten einige Schlagwellen abends gegen den Rauchsaal auf dem Achterdeck, und nur einige Nächte hindurch später an der brasilianischen Küste tauchte das Schiff vorn mit dem Bug öfters unter die Flut, sodaß hinten die Schraube mit fürchterlichem Gerassel über Wasser ging und alle Schläfer aufschreckte.

Große Freude bereitet auf See auch – besonders in den Tropen – die Beobachtung der zahlreichen Tiere, welche die Meereseinsamkeit beleben. Da gibt es z. B. eine Fülle buntfarbiger und sehr verschieden geformter Weichtiere, die von der Wärme und vom Licht an die

Oberfläche gelockt werden, blaue, braune, rosahelle, hübsch gezeichnete Glockenquallen, die mit ihren eigentümlichen Pendelbewegungen dahinziehen. Sehr lustig sehen die kleinen Räderquallen aus,"spanish man of war", „spanischer Kriegsmann« genannt, die zu Dutzenden an uns vorüberglitten, indem sie ihren regenbogenfarbigen, halbkreisförmigen Rücken zeigten, der wie ein stolz gespanntes Segel höchst selbstbewußt aus dem Wasser hervorlugte. Einmal sah ich auch eine riesige, schlafende Schildkröte dicht am vorübereilenden Schiffe treiben, die ich nur zu gern gefangen und mitgenommen hätte. Mehrere Male, besonders in der Bay von Biskaya, aber auch in den brasilianischen Gewässern, zogen gar nicht weit von uns einige kolossale, schwerfällige Walfische vorüber. Gespannt schauten wir zu diesen Tieren hinüber, wenn die hohen, weißen Wasserstrahlen aus ihren Blaslöchern gen Himmel stiegen, um im nächsten Augenblick wieder zurückzurauschen auf den plumpen, schwarzen Riesenrücken. In unglaublicher Zahl aber beleben die fliegenden Fische die einsamen Gegenden zwischen den beiden Wendekreisen. Oft sah das Auge alle paar Minuten ganze Schwärme von Hunderten über das Meer dahinschwirren, sei es, daß ein Raubtier sie verfolgt hatte, oder daß die „Porto Alegre« sie aufscheuchte. Es sind weißblaue, dem Hering ähnliche, größere und kleinere Fische, die ihre Seitenflossen in der Luft wie Flügel ausbreiten und solange fliegen können, als die Flossen naß sind.

Eines Abends fiel ein großer fliegender Fisch auf Deck. Der Obersteward briet ihn mir zum Frühstück, und ich habe die Flügel sorgfältig in der Sonne aufgespannt und getrocknet. Es nähren sich diese Fische von dem kleinen Getier, wovon der Ozean wimmelt, während sie selbst beständig von unzähligen Raubfischen, ja auch von Seeadlern gejagt und verfolgt werden. Haie und Delphine sahen wir auf hoher See nicht. Hinter den langsamer fahrenden Segelschiffen sollen sie ja oft herdenweise nachfolgen und den Abfall verzehren. Wohl aber belustigten uns oft die ausgelassenen Spiele und Sprünge der 6–8füßigen Tümmler, die unermüdlich ihre Purzelbäume schlagen. Auch ergötzten wir uns täglich an den zierlichen, schwarzweißen Seeschwalben, die in der Seemannspoesie als die Seelen der ertrunkenen Kameraden gelten. Sie begleiteten uns ebenso zahlreich, wie die schneeweißen, oft auch dunkelbraun beflügelten, melancholisch pfeifenden Müden, für die der Seemann die schmeichelhafte Bezeichnung »Dösköppe« hat. So hatte das Auge stets Freude und Genuß an dem reichen Wechsel und den Naturschönheiten des tropischen Meeres.

Am 9. Mai, – und damit kehrt die Schilderung zur eigentlichen Reiseroute zurück, – passierten wir den Wendekreis des Krebses, welchen die Schiffer scherzweise die »Flensburger Linie« nennen, und gelangten somit in die Tropen. Unser Schiff, das unterwegs, obgleich es den Hamburger Hafen in tadellosem Zustande verlassen hatte, wiederum neu gestrichen und für die transatlantischen Hafen aufs sauberste hergerichtet wurde, hielt jetzt auf die Cap Verde'schen Inseln zu. Am 10. Mai früh 6 Uhr kam leider nur eine dieser interessanten, vulkanischen Inseln in Sicht, St. Nikolas mit ihrem hochragenden Gebirge. Die Inselgruppe, die den Portugiesen gehört und von der westafrikanischen Küste nicht weit entfernt ist, besteht zum Teil aus selbigen Bimssteinmassen und zeigt zwischen romantischen Schluchten und hohen Bergesriesen grüne, lachende Fluren mit üppiger, tropischer Vegetation. Von den nackten Felsklippen der St. Paul-Insel, die einsam und öde etwas nördlich vom Äquator aus dem Ozean herausragen und nur von unzähligen Vögeln bewohnt werden, sahen wir nichts. Einige Stunden vorm Passieren des Äquators in der Frühe des 14. Mai eilte unser rastloser Dampfer, der in dieser Zeit an einem Tage eine Geschwindigkeit von 325 Seemeilen in 24 Stunden erreichte, an den gefährlichen Klippen vorüber. Auch von der brasilianischen Insel Fernando Noronha, die in der folgenden Nacht passiert wurde, bekamen wir nichts in Sicht. Nur ein brasilianisches Kriegsschiff begegnete uns, offenbar um im Auftrage seiner Regierung Verurteilte nach der Infel zu befördern, die ja als die Verbrecherkolonie Brasiliens weit und breit bekannt ist.

Am Sonnabend, den 15. Mai, saßen wir abends in höchster Erwartung auf die Meldung „Land in Sicht« noch lange beisammen. In fieberhafter Ungeduld eilte ich öfter auf die Brücke und fragte, ob schon ein Feuer in der Ferne erspäht sei. Immer hieß es: „Noch nicht, aber lange kann es nicht mehr dauern." Der Mond leuchtete hell vom schweigenden Himmel herunter und warf einen breiten Silberstreifen auf die Wellen. Es war nach dem tropisch heißen Tage ein entzückender Abend. Um 11 Uhr suchte ich endlich totmüde meine Koje auf und versank, wie immer, gleich in tiefen Schlaf. Da, um 3 Uhr, erwachte ich. Das Schiff glitt leise vorwärts, und die Schraube ging ganz langsam. Plötzlich hörte ich, wie von der Brücke her in der Maschine mit der Glocke die Ankersignale erklangen. Schnell flog ich aus der Kammer, nur mit Filzpantoffeln, Hemd und Gummirock bekleidet, an Deck. Wir ankerten vor Pernambuco draußen auf der Reede. Ein wundervolles, rotes Drehfeuer sandte dicht vor uns von einem Leuchtturm her den ersten amerikanischen Gruß herüber. An aufblitzenden Lichtern erkannte ich auch die Stadt. Wohltuende Landluft wehte zu uns herüber; vom Himmel herab aber strömte ein warmer Regen, so daß ich bald ganz nasse Füße hatte. Aber darauf wurde in dieser großen Stunde nicht geachtet. Wie schlug mir das Herz bei dem Gedanken an die zurückgelegte Ozeanfahrt und an das Wunderland Brasilien, von dem ich als Kind schon so viel gehört. Nun lag es vor meinen Augen da! Gottes` Hand hatte uns freundlich geleitet! Als an Bord alles in Ordnung war, schüttelte der Kapitän mir die Hand in sichtlicher Dankbarkeit und Freude über die herrliche Reise. Der wachthabende Offizier aber ließ das Kompagniesignal, mehrere grüne, rote und gelbe Leuchtkugeln, in den finstern Nachthimmel emporsteigen, während vorn auf der Back und hinten am Heck zwei Raketen (eine grüne und eine weiße) abgebrannt wurden, um dem Wächter des Leuchtturms die schon erwartete Ankunft der „Porto Alegre« zu bekunden und für den nächsten Morgen den Hafenarzt, den Zoll und die Agentur zu bestellen. Nach dem Anblick dieses reizvollen Schauspiels gingen wir dank- erfüllten Herzens wieder zur Ruhe, – zur Ruhe im fernen Süden, sicher geborgen im Schutze der nahen Gestade Brasiliens! –

4. Pernambuco

16. und 17. Mai 1897

Der 16. Mai war der Sonntag Cantate. Frühe hatten mich die Matrosen, die das Deck über meiner Kammer scheuerten, mit ihren Besen und Spritzen geweckt. Nach einem köstlichen Bad in kristallenem Ozeanwasser und einem behaglichen Frühstück mit dem Kapitän hielt ich oben auf Deck unter Gottes freiem Himmel meine Sonntagsandacht. Anfangs fiel ein tropischer Regen vom Himmel, gegen 7 Uhr aber klarte es auf, und im heitersten Sonnenschein erglänzte das alte, von den Holländern an der östlichen Ecke Südamerikas erbaute Recife oder Pernambuco. Welch' ein schönes Panorama in der köstlichen Sonntagsstille jenes einsam stillen Morgens! Vor mir lag in geringer Entfernung die freundlich helle Stadt mit blauen Bergen und grünen Wäldern im Hintergrunde. Sie breitet sich niedrig unmittelbar am Meeresstrande aus und grenzt im Norden und Süden an herrliche Palmenhaine, die sich von dem weißen Meeressande und der schäumenden Brandung unbeschreiblich reizvoll abheben. Vom Nordosten nach Südwesten dehnt sich vor der Stadt ein langer, schmaler Hafen aus, in den wir der Ebbe wegen erst nachmittags 3 Uhr hineindampfen konnten. Dieser wunderbare Hafen wird durch ein uraltes Korallenriff gebildet, das einen 5-6 Kilometer langen und 200 Meter von der Küste entfernten, schnurgeraden Wellenbrecher bildet. Die brasilianische Regierung scheint freilich für diese großartige Naturmole wenig dankbar zu sein, denn sie läßt dieselbe von der kolossalen, haushohen Brandung allmählich wegbröckeln, anstatt die Lücken mit Zement sorgsam auszufüllen.

Wir lagen an jenem Morgen außerhalb des Riffs auf der Reede und hatten dicht vor uns den auf dem nördlichen Ende desselben malerisch auferbauten weißen Leuchtturm, den eine tosende Brandung in fortwährenden Angriffen wütend umkämpfte, um unaufhörlich machtlos an ihm zurückzuprallen. Nördlich von Pernambuco erblickte ich auf einem steil aus dem Meer emporsteigenden Hügel die frühere Hauptstadt der Provinz, Olinda, die mit ihren Kirchen und Klöstern einen imposanten Eindruck macht, wenn man vom Meer aus hinaufschaut. Sprachlos und staunend blickte ich zu der eigenartigen, wundervollen Landschaft hinüber; da plötzlich schallte dumpf und ernst der Ton einer tiefen Kirchenglocke an mein Ohr und versetzte mich in die feierlichste Sonntagsstimmung. Lieber Leser! Wie hättest Du all' die Herrlichkeit mit mir genossen!

Um das stille Schiff her im Meer spielten ungezählte Fischriesen, nimmersatte und alles verschlingende Haifische, die ich hier zum ersten Mal sah. Die unheimlichen Kerle waren zum Teil so lang und so dick wie ein großes Alsterruderboot. Zwischen den beiden kleinen Augen sitzt ein breiter Kopf mit einem ungeheuren Maul, dessen Gebiß unrettbar alles zermalmt, was es zwischen seine Zähne bekommt. Höchst amüsant war mir die Beobachtung dieser im Wasser sehr schnellen und gewandten Kolosse. Sie sind stets von 4-6 kleinen blau- und weißgestreiften Fischchen begleitet, den sogen. "Loodssmännchen" oder „pilots", die für gewöhnlich am Kopf des Hais schwimmen, von hier aus aber je und dann pfeilschnell kleine Exkursionen nach Beute unternehmen, die der plumpe, kurzsichtige Gebieter selbst nicht leicht erspäht, von der die unermüdlichen kleinen Bedienten aber jedesmal großmütig eine entsprechende Portion abbekommen, nachdem sie ihren Herrn zu ihr hingelotst haben. Dieses merkwürdige, fast humoristische Treiben in der Meeresnatur ergötzte uns alle stundenlang. Vorn auf dem Schiff suchten die Matrosen sogar einen Hai mit der Angel zu fangen, d. h. die Angelrute war ein mächtiger, baumdicker Balken und die Schnur eine Kette, während der Haken eine Hand breit und lang war und einen ganzen Ochsenbraten an Stelle eines Regenwurms als Köder trug. Leider gelang es nicht, eins der Ungetüme zu fangen. Wohl bissen sie an, aber beim Herausziehen zerriß immer das Maul. Nur ein großer „Bonnito", ein lachsartiger Delphin, wurde erbeutet und ebenso ein seltsamer, schwarzer Saugefisch, der sich gern blutegelartig an andern Fischen festsaugt, und dessen Rückenfläche das Aussehen der blanken Sohle eines neuen Gummischuhs hat. So unterhaltend war der Aufenthalt auf der Reede vor Pernambuco, daß diese Stunden bis zum Nachmittag nur so dahinflogen. Besondere Hervorhebung unter den Sehenswürdigkeiten des Tages verdient auch eine sog. „Jangada" die aller Blicke bei ihrem Erscheinen auf sich richtete. Es war ein einziges, aus wenigen Balken gebautes Floß mit einem Sitzgestell, aus dem ein Mann saß, der sich und seinen Knaben zu den weit draußen ausgelegten Fischernetzen zu rudern schien. Das kleine Ding schaukelte auf der hochgehenden See wie eine Nußschale und schien jeden Augenblick von den Wellen verschlungen werden zu sollen. Aber es hielt sich wacker und kam, wenn es eben verschwunden war, immer wieder hervor. Die brasilianischen Fischer wagen sich auf diesen gebrechlichen Jangadas, die oft auch mit einem Segel versehen sind, weit aufs Meer hinaus und wissen sehr sicher mit denselben umzugehen.

Punkt drei Uhr gingen die Anker auf, und in weitem Bogen ging es hinein in den schmalen, langen Hafen, wo dicht an der Stadt mitten zwischen vielen andern Schiffen unsere „Porto Alegre" von einigen nackten Negern an Bojen unter Wasser festgemacht wurde. Wie die Seehunde tauchten die Kerle in die Brandung und blieben oft minutenlang unter Wasser. Im Augenblick war unser Schiff umzingelt von vielen Negern und Indianern, die laut und wild durcheinander kreischten. Jeder wollte gern Passagiere an Land befördern. Beim Anblick so vieler Spitzbubengesichter, wie ich sie hier sah, wurde mir zuerst ganz unheimlich zu Mute. Auch die „Herren" von der Hafenpolizei und vom Zoll benahmen sich an Bord höchst ungeniert und dreist. Ganz als wären sie dort zu Hause, fielen sie über unsern Kaffetisch her und vertilgten sämtliche Kuchen und alle Zwiebäcke, die für uns serviert waren. Ich war nur froh, als endlich ein deutscher Herr von der Agentur kam, den ich bitten konnte, mein „splendid" nach Hamburg zu telegraphieren, das meine Lieben sich dann ebenso sehr gefreut haben zu empfangen, wie ich, es abzusenden.

Mehrere Passagiere beeilten sich, zur Besichtigung der Stadt Pernambuco an Land zu gehen, während ich vorzog, den stillen, klaren Sonntagnachmittag an Bord zu bleiben, teils weil man mir sagte, daß am Sonntag in der Stadt nichts zu sehen, die Straßen wie ausgestorben seien, teils weil mich auf dem Schiffe die Ruhe und die herrliche Aussicht auf Land und Meer fesselte. Wohl stundenlang habe ich an der Steuerbordseite gestanden und in die tosende, haushohe Brandung geschaut, die zur Zeit der Flut an jenem Nachmittag dicht vor meinen Augen an dem Hafenriff emporschäumte. Nie habe ich sonst irgendwo solch ein großartiges Naturschauspiel gesehen. Dazwischen wandte ich mich dann auch öfters wieder dem Lande zu und blickte auf das malerische Treiben hinüber, das sich auf dem vor uns liegenden Platze mit den dichten, grünen Bäumen abspielte. Deutlich erkannte ich dort ein buntes Menschengewimmel, elegante Herren im Zylinder und halbnackte Neger und Indianer mit widerlichen und gewinnsüchtigen Gesichtern, Damen in modernster Toilette und leichtgekleidete, dicke Negerweiber, die ihre Backwaren, Süßigkeiten und bunten Vögel an die Seeleute und Fremden feilboten.

Nach dem Essen abends kam von einem brasilianischen Dampfer in unserer Nähe ein junger Kaufmann an Bord, um unsern Kapitän zu besuchen. Als ich ihm vorgestellt wurde, erkannten wir uns als Schulkameraden, die einst in der Kindheit auf derselben Bank beisammen gesessen. Vor 20 Jahren hatten wir uns zuletzt gesehen und nicht gedacht, daß wir uns im Leben noch einmal begegnen würden. Natürlich war es nun eine Freude, im fröhlichen Geplauder der fernen Heimat und der fernen Kindheit zu gedenken. Schließlich verlebte ich dann noch, als unser Landsmann sich verabschiedet hatte, ein trauliches Stündchen oben in einer stillen Ecke bei der Kommandobrücke, wo die Steuerleute und Maschinisten ein Fäßchen ausgelegt und mich als Gast geladen hatten. Über uns leuchtete der tropische Sternenhimmel. Neben uns toste die rauschende Brandung. Kühle Abendlust wehte leise über das Schiff hin. Kein Wunder, daß solche Umgebung die Seele feierlich bewegte und die Stimmung hob. Es war ein Zusammensein in echt deutscher Treuherzigkeit und Gemütlichkeit mit dem reizvollen Bewußtsein, im Hafen einer fernen Tropenstadt vor Anker zu liegen.

– Um 11 Uhr suchte ich ahnungslos meine Kammer auf und horchte bald, in der Koje liegend, mit entzücktem Ohr auf das Schäumen und Rauschen der empörten Wogen. Da wurde ich plötzlich durch ein Surren und Summen in meinen Träumen unterbrochen, und bald konnte ich mich davon überzeugen, daß Hunderte jener unbequemen, mückenartigen Moskitos meine Kammer durchschwirrten, um sich schließlich an allen erreichbaren Teilen meines Körpers zur Ruhe zu setzen und mich so fürchterlich zu stechen, daß ich mich zu einem energischen Kampf mit diesen Plagegeistern entschließen mußte. Das Licht wurde aufgedreht, eine Zigarre angezündet, mit einem Tuch wurden einige Dutzend der schlimmsten Blutsauger erschlagen; aber kaum hatte ich mich wieder niedergelegt, so erhob sich ein neuer

Schwarm, stärker und bösartiger als der vorige, so daß ich gegen Morgen totmüde an Deck floh, um dort noch einige Stunden im Freien zu schlafen. Ich hatte mir die Moskitos längst nicht so schlimm gedacht. Den ganzen Tag schmerzten mich noch die geschwollenen Stichstellen, und in der nächsten Nacht wiederholte sich der Kampf trotz eines großen Moskitonetzes. Erst aus See bekam ich meinen Schlaf wieder, um aber fast in jedem Hafen von den brasilianischen Ruhestörern aufs neue belästigt zu werden.

Trotz der nächtlichen Störungen fühlte ich mich ganz frisch, als ich mich am Montag früh gegen 9 Uhr mit 8 andern Herren von 2 Indianerburschen in einem leichten Kahn an Land rudern ließ. In 5 Minuten etwa betrat mein Fuß zum ersten Mal den Boden der neuen Welt. Je näher wir der Landungstreppe gekommen waren, desto unangenehmer hatten sich die Dünste bemerkbar gemacht, die in der Hitze dem schmutzigen Wasser entstiegen. Wir freuten uns daher sehr, als wir uns erst unter den grünen Bäumen des viereckigen Hafenplatzes befanden.

Von hier aus begann sofort eine Wanderung durch die engen Straßen der alten, teils in portugiesischem, teils in holländischem Stil gebauten Stadt. Dieselbe zählt über 130.000 Einwohner und gehört zu den größten und schönsten Städten Brasiliens. Mit Stolz bezeichnet der Brasilianer sie als das Venedig Südamerikas, denn in der Tat durchkreuzen viele Kanäle, unsern Fleeten vergleichbar, die Stadt, die von zwei größeren Flüssen durchströmt und in drei Teile getrennt wird, welche durch breite Brücken mit- einander verbunden sind. Uns Hamburger zog dieses Stadtbild natürlich sehr an. Aber ebensosehr stieß vieles, was wir sahen, uns ab. Die Straßen der innern Stadt waren furchtbar schmutzig. Das Pflaster zeigte viele große Löcher, in welchen sich Regenwasser gesammelt hatte. Wenn die Maultiere der Straßenbahn durch diese Pfützen hindurchtrappelten, so wurden natürlich die Fahrgäste in den offenen, kleinen Wagen über und über bespritzt. Aber weder die farbigen, unordentlichen Schaffner, noch die Insassen schienen diese empörende Wirtschaft als Übelstand zu empfinden. Die Gräser und Kräuter aber, die überall auf den Straßen grünten, erfuhren auf diese Weise eine erfrischende Besprengung und wurden mit um so dankbarerer Gier von verschiedenen Ziegen verschlungen, die mitten in der Stadt grasten.

Wir suchten zunächst die Post auf und kauften hier Karten für Grüße an unsere Lieben. Neben den Schultern sahen wir zahllose Briefkasten mit Namen, „Caixa's" genannt, die den Geschäftsleuten der Stadt gehören. Die Post befördert die Briefe direkt in den betreffenden Kasten, und die Besitzer holen sie sich dann selber ab. Diese in ganz Brasilien und hie und da auch bei uns, z. B. in Bremen, beliebte Einrichtung ist recht bequem und spart der Post manchen Briefträger. – In der Nähe der Post bewunderten wir ein feines, deutsches Juweliergeschäft, das bei der Vorliebe der Brasilianer für Schmucksachen in großer Blüte zu stehen scheint. Der elegante Laden würde auch unserm Jungfernstieg große Ehre machen. In merkwürdigem

Kontrast zu demselben stehen aber gerade in derselben Straße die vielen baufälligen, schäbigen und dicht verschlossenen Häuser, in deren Reihe wir auch einige Kirchen erblickten. Die Kirchen liegen nirgends frei, sondern sind mitten zwischen die Häusermauern eingezwängt. Man erkennt sie überhaupt nur an den großen, grünen Türen und den Rokokolinien der einfachen Verzierungen. An einigen Straßenecken lagen Misthaufen, welche in üblem Geruch mit den zahlreichen Zuckermühlen wetteiferten, wo man das Zuckerrohr quescht und siedet, das in einem der verschiedenen Zubereitungsstadien in eine schmutzig schwarze Masse verarbeitet wird und dann einen ganz widerlichen Gestank verbreitet. Man glaubt es kaum, daß der süße, schneeweiße, saubere Rohrzucker solche Vergangenheit hinter sich hat.

Die Hitze war sehr drückend und betrug 30 R. Wer zuerst solche Temperatur erlebt, kann sich eines unheimlichen Angstgefühls kaum erwehren. Übrigens kam bei mir dazu, daß ich deutlich spürte, wie mich ein leises Fieber ergriff. Trotzdem aber fesselte mich das neue Leben und Treiben aufs äußerste.

Lange stand ich vor der Kaserne still und betrachtete als alter, begeisterter, deutscher Infanterist mit Empörung das brasilianische Militär und das über die Maßen lotterige Benehmen der schwarzen und braunen Kerle. Der Posten umarmte ungeniert vorm Schilderhaus seine Braut und verzehrte mit Behagen unterm Gewehr ihre Leckerbissen, ohne vor dem Offizier, der an ihm vorüberschritt, Honneur zu machen, und ein Trupp exerzierender Soldaten hielt die Gewehre etwa wie unsere Straßenreiniger ihre Besen. Irgendwelcher Verlaß soll auf dies zuchtlose Söldnerheer der Brasilianer denn auch nicht sein. Nur eines mußte ich den Leuten lassen, nämlich, daß bei Mannschaften und Offizieren die einfache Uniform in tadellosem Zustande war, wie ich dasselbe später auch in Rio und St. Paulo bemerkte.

Außer den Soldaten fielen mir auch noch die Landleute sehr auf, die an jenem Morgen in die Stadt zum Markt kamen. Einige brachten ihre Waren auf Karren, vor denen müde Ochsen langsam dahinschritten, andere ritten auf kleinen, mageren, häßlichen Pferden schnell durch die Straßen. Die Tiere waren hoch und schwer bepackt, und ganz oben saß der Reiter, mit fabelhaftem Geschick sich bewegend. Diese Leute machten einen wenig vertrauenerweckenden Eindruck; verschmitzt und schmutzig sahen sie aus, und ich möchte so einem Gesellen nicht in der Einsamkeit begegnen. Natürlich trug jeder hinten am Gurt einen Dolch, den er für gewöhnlich als Taschenmesser benutzt, gelegentlich aber auch als Waffe.

Überraschend war es mir, zu sehen, wie die einfacheren Leute sich auf der Straße barbieren und das Haar schneiden lassen. Diese Sitte hat jedenfalls den Vorteil, daß der Friseur Miete spart und seine Stube nicht auszufegen braucht. – Daß man sich auf der Straße die Stiefel putzen läßt, kennen wir ja auch. Aber in Brasilien ist jeder zehnte Mensch ein unverschämt zudringlicher Stiefelputzer, wenn er nicht ein laut schreiender Losverkäufer ist.

Überhaupt war der Lärm in der Stadt betäubend. Daher bestiegen wir einen der „Bond" oder Mauleselwagen und fuhren nach der stillen, palmenreichen Villenvorstadt Madeleine. Hier erfreute sich das Auge an den herrlichen, bunten Häusern mit den maurischen Hufeisenlinien und Hufeisenbogen. In den üppigen Gärten prangten in den schönsten Farben tropische Blumen, und hoch in die Höhe ragten stolze Kokospalmen und mächtige Bananen. Reizende, bunte Vögel umflatterten uns, und ein malerischer Blick nach dem andern eröffnete sich uns entzückten Fremden. Es war paradiesisch schön dort draußen, so daß uns die dumpfe Stadt hernach wirklich anwiderte und wir uns beeilten, an Bord zurückzukehren und die frische Seeluft wieder zu atmen.

Als ich um 12 Uhr wieder am Frühstückstisch der „Porto Alegre" Platz nahm und mir nach der heißen Wanderung in den lärmvollen, dumpfen Straßen Pernambucos ein kühler Trunk Hamburger Holstenbieres eingeschenkt wurde, überkam mich wieder ein Gefühl heimatlicher Freude. Wie erquickend stach die Sauberkeit des Schiffes ab gegen die Unordnung und den Schmutz auf den Gassen der brasilianischen Stadt! Wie wohltuend war oben auf Deck die Ruhe, und wie angenehm berührte mich die Freundlichkeit der wohlbekannten Gefährten. Zum zweiten Male an Land zu gehen, verspürte ich kein Verlangen, sondern ich blieb ruhig an Bord, schrieb 20-30 Postkarten in die Heimat und beobachtete bis zur Abfahrt das Leben im Hafen um uns her.

In der Nähe lag ein mächtiger, italienischer Auswanderungsdampfer, der viele hundert Italiener, Männer, Frauen und Kinder, nach Genua befördern wollte. Die Männer hatten in der Kaffeernte in Brasilien gearbeitet und zogen nun mit ihrem Verdienst wieder heim. Jahraus, jahrein verkehren zwischen Europa und Brasilien in gleicher Absicht Tausende Italiener und Portugiesen, und zwar häufig mit Weib und Kind. Das große Schiff war entsetzlich vollgepfercht, und unerhörte Zustände mögen während der Reise auf demselben, besonders im Zwischendeck, geherrscht haben. Im letzten Augenblick kauften die Italiener sich noch an Bord von einer schreienden Händlerschar, deren Kähne auf dem Wasser wimmelten, Papageien, Pantherfelle und andere Kostbarkeiten zum Mitnehmen. Lange konnte man dies seltsame, buntbewegte Bild betrachten.

Auch bei uns an Bord wurde es lebendiger, je näher die Stunde der Abfahrt rückte. Ein vornehmes brasilianisches Ehepaar, das nach Rio wollte, wurde von einer großen, eleganten Gesellschaft an Bord geleitet und schließlich unter endlosen, amerikanischen Umarmungen und mit dem üblichen Klopfen auf den Rücken verabschiedet. Sogar ein Baby beteiligte sich auf dem Arme einer schwarzen, dicklippigen Amme an der tränenreichen Rührscene.

Ich stand auf der Brücke, als um 3.30 Uhr die Flaggen ein- und die Anker aufgezogen wurden. Am Lande wurden mit großer Vehemenz viele Tücher geschwenkt. Wir erwiderten diesen Gruß natürlich in gleicher Weise, freuten uns dabei aber sehr, wieder aufs Meer zu kommen. Im Hafen war es so heiß gewesen, daß mir beim Schreiben das Wasser immer- fort vom Gesicht aufs Papier getropft war. – Tiefblau überspannte der Himmel den wechselreichen Farbenkontrast der Gestade, und ein frischer Seewind blies uns entgegen, als wir die Mole des Hafens verließen. In der Lust wiegten sich Hunderte von schwarzen Geiern, die von den Brasilianern sehr geschätzt werden und polizeilichen Schutz, genießen. Sie besorgen nämlich nächtlicherweile die Reinigung der Straßen. Bald entschwand Pernambuco unsern Blicken. Die »Porto Alegre« begann wieder, tüchtig zu rollen. Mit Volldampf ging es südwärts nach Rio de Janeiro.

5. Von Pernambuco nach Rio de Janeiro
17. bis 21. Mai 1897

Bis zum letzten Tag vor unserer Ankunft in Rio war die Fahrt dorthin recht erquicklich interessant. Freilich unsere neuen, brasilianischen Passagiere waren bereits im Hafen von Pernambuco bei den ersten Drehungen der Schraube von der unbarmherzigen Seekrankheit ergriffen und zur Flucht in ihre Kammer genötigt worden. Um so vergnügter aber waren wir andern; hatten wir doch in Pernambuco eine böhmische Musikkapelle an Bord bekommen, die sich bereit erklärt hatte, gegen entsprechende Ermäßigung der Passage bis nach Rio uns durch eine regelmäßige Tafelmusik und auch durch sonstige Vorträge zu erfreuen. Gleich am ersten Abend erschollen lustige, deutsche Weisen beim „Dinner" ans dem überm Eßsalon balconartig angebrachten Damenzimmer, wo sich die Kapelle postiert hatte, zu uns hernieder und würzten unser Mahl, trotzdem aus der Kammer einer seekranken Dame ganz in unserer Nähe gleichzeitig sehr elegische Jammertöne erklangen.

Am Abend tauchte feuerrot leuchtend der Mond am östlichen Horizont aus dem Meere hervor und gewährte uns später, als stellenweise ein leiser Regen herabfiel, das überraschend schöne Schauspiel eines tropischen Mondregenbogens am westlichen Himmel. Lange schaute ich in jener stillen Nacht, versunken in anbetendes Staunen, in die schweigende, großartige Natur hinaus. Immerfort behielt ich dabei in der Ferne die felsigen Umrisse der Küste in Sicht.

Am nächstfolgenden Abend holten wir einen großen Dampfer ein, den der Kapitän für einen Dampfer der „H.-S.-D.-G." hielt, ohne ihn jedoch bei der Entfernung und der Dunkelheit sicher als solchen erkennen zu können. Jedenfalls wollte er die bei Nachtzeit übliche Begrüßung des mutmaßlichen Landsmannes nicht unterlassen, und bald zeigte es sich, daß ihn sein Auge nicht getäuscht hatte. Märchenhaft schön wirbelten von unserer Brücke aus die roten, grünen und weißen Leuchtkugeln des Kompagniesignals zum dunkeln Himmel empor, während am Heck und vorn am Bug die bengalischen Flammen auflodertem. Gespannt schauten wir zu dem schwarzen Gefährten an unserer Steuerbordseite hinüber. Da, richtig, dasselbe herrliche Feuerwerk in der Ferne sandte uns heimatliche Grüße herüber. In Rio erfuhren wir, daß es die nach dem Platastrome bestimmte „Maceio" gewesen, die wir überholt hatten.

Auf dieser Strecke passierten wir wieder eine gefährliche Inselgruppe, die unsern von Rio gelegenen Abrolhos, auf denen 3-4 Neger zur Bedienung des dortigen Leuchtturms wohnen. Als es einmal vorgekommen, daß diese schwarzen Wächter an Land gerudert waren und pflichtvergessen den Leuchtturm verabsäumt hatten, wurde ihnen zur Strafe das Boot entzogen, sodaß sie seitdem gänzlich vom Festland abgeschnitten sind. Nur monatlich einmal kommt ein Schiff zur Verproviantierung der Leute an die Insel. Die brasilianischen Behörden aber sind oft ebenso pflichtvergessen wie ihre Beamten. Der monatliche Proviant blieb vor etlichen Jahren einmal aus, und die unglücklichen Neger wären alle jämmerlich verhungert, wenn nicht im letzten Augenblick noch ein französischer Dampfer das Winken der zum Tode ermatteten Männer bemerkt hätte. Der Kapitän nahm sie zu sich an Bord und beförderte sie dann an Land, nachdem er einige französische Matrosen beim Leuchtturm zurückgelassen. Zum Lohn für diese Tat wurde nun freilich der Kapitän anfangs verhaftet, weil er in fremde Machtbefugnisse eingegriffen. Erst als die französische Regierung sich der Angelegenheit energisch annahm, wurde der Mann freigelassen und ausgezeichnet. Solche Dinge passieren in Brasilien!

Im Übrigen verlief die Fahrt nach Rio ohne besondere Erlebnisse. Die „Porto Alegre" stampfte tüchtig, sodaß die meisten von uns zwar nicht seekrank, aber doch nicht immer sonderlich wohl waren. Bei mir zeigte sich das immer in Appetitlosigkeit, aus der mich nur die wundervollen, in Teig gebackenen Bananen herausrissen.

Oft stand ich in diesen Tagen oben auf der Brücke und schaute auf die weißen Köpfe der tosenden Wasserberge um uns her und auf den vorn sich auftürmenden, brausenden Gischt. Das Meer war recht bewegt; segte doch auch ein steifer, kühler Südwind darüber hin, der, weil aus den Pampas, den süd- amerikanischen Steppen, kommend, „Pampero" genannt wird und oft sehr gefährlich sein kann.

Am Freitag, den 21. Mai, früh, sollten wir Rio erreichen. Vor 6 verließ ich meine Kammer in freudiger Erwartung. Der Morgen graute, als ich nach oben kam und zu den mächtig steilen Felswänden und Bergriesen hinüberschaute, die Brasiliens Ostküste wie ein starkes Naturbollwerk gegen die wütenden Angriffe einer wilden Brandung schirmen. Wir passierten Cap Frio mit seinem Leuchtturm und näherten uns einer Gruppe palmenbewaldeter Inseln, die den Gebirgen vorgelagert ist. 6.36 Uhr ging die Sonne auf. Ein goldiger Feuerball, tauchte sie in stiller Majestät am fernen Horizont gleichsam aus ihrer Meeresbehausung langsam hervor und rief uns schweigend und doch ergreifend laut aus zur Anbetung der Schöpferherrlichkeit des großen Gottes in einem feierlichen Morgengebet. Darauf stieg sie höher und höher, bald alle Zacken und Kamme der bergigen Küstenriesen wie mit goldenem Feuer bemalend und die phantastischen Dunstgebilde und Nebelstreifen zerstreuend, die aus der Brandung heraufgestiegen waren. Außer mir schliefen noch alle Passagiere, sodaß es erquickend ruhig an Bord war, und ich mit dem Kapitän und dem 2. Offizier auf der Brücke in vollen Zügen den unvergleichlich großartigen Morgen genießen konnte. Der Kapitän, der so oft in Rio gewesen, erklärte, noch nie eine vom Wetter so begünstigte Ankunft in Rio gehabt zu haben. Wir passierten ganz in der Nähe einige der erwähnten Inseln, von denen zwei „Pai" und „Mai" d. h. „Papa" und „Mama" heißen. Es sind stark umbrandete Felsen, mit reizend frischem Grün bewachsen und mit hohen Kokospalmen gekrönt.

Plötzlich entdeckte ich in der Felsenkette der Küste eine Lücke, die zuerst ganz eng erschien, sich allmählich aber zu einem grandiosen Einfahrtsthor erweiterte. Links von demselben ragt ein hohes Gebirge gen Himmel, der Corcovado mit einem Pavillon auf dem Gipfel, und der „Zuckerhut", ein kolossaler Felskegel, der wie ein trotziger Wächter mitten in der Brandung steht. Gegenüber rechts von der schmalen Einfahrt erhebt sich der „falsche Zuckerhut", an dessen Fuß ein altes Fort, Santa Cruz, mit etlichen Kanonen Wache hält. Mit diesem Fort tauschten wir höfliche Signalgrüße aus und dampften dann mit klingendem Spiel unserer Kapelle in den weiten Hafen von Rio de Janeiro ein, der sich hinter seiner eigenartigen Felsenpforte vor dem überraschten Auge als ein weiter, großer von Juraähnlichen Gebirgsketten eingerahmter Binnensee ausbreitet.

An einer kleinen Insel, Villegagnon, gingen wir etwa um 9 Uhr zu Anker, um, ehe wir weiter in die Riobay einfuhren, die zollamtliche und ärztliche Visite in Empfang zu nehmen. Die Beamten kamen sehr bald, da unser Dampfer von Cap Frio aus bereits gemeldet war. Dann ging es weiter, bis wir endlich neben 2 Kompagniedampfern der „H.-S. D.-G.", „Argentina" und „Santos" mitten auf der sonnigen Bay gegen 11 Uhr unser Ziel erreicht hatten.

Von hier aus schweifte der Blick hinüber zu den im tropischen Grün prangenden Gestaden und den 7 Hügeln, auf welchen die Stadt Rio mit ihrem malerischen Aufbau sich ausbreitet. Dann wurde Rundschau gehalten über die wundervolle Bay hin mit den zackigen Gebirgen im Hintergrunde, besonders dem grotesken Orgelgebirge von Petropolis, mit den zahlreichen brasilianischen und aus Chile anwesenden Kriegsschiffen, mit den vielen Inselchen und den entzückenden, kleinen

Ortschaften, Villen und Fischerdörfern rings umher. Über diesem unbeschreiblich schönen Bilde des herrlichsten Hafens der Welt lachte die liebe Sonne und wölbte sich heiter ein wolkenloser Himmel. Fast versagt die Feder, mit armseligen Worten dies Meister- und Wunderwerk des Schöpfers zu schildern. Ich kam mir angesichts solcher Herrlichkeit stundenlang vor wie gebannt oder im Traum entrückt in eine nie geahnte, neue Zauberwelt.

6. Rio de Janeiro
21. bis 26. Mai 1897

Wir lagen kaum vor Anker auf der Riobay, – ziemlich weit draußen auf der Reede, – als wir auch schon von zahllosen Barkassen und Booten ereilt waren. Mit lautem Geschrei priesen unten auf dem Wasser Portugiesen und Italiener ihre Waren, Früchte, Käse und Vögel, an; andere empfahlen sich als „Jollenführer« für Passagiere, die an Land wollten.

Auch an Bord wurde es lebendig. Die meisten unserer Passagiere waren in Rio am Ziel und begrüßten die sie abholenden Freunde oder Verwandten, während sie sich von uns verabschiedeten. Es waren darunter mehrere vergnügte, junge Leute, die in Rio Stellung gefunden hatten und nun in höchster Spannung ihrer neuen Heimat zueilten. Es war auch eine alte, 83jährige Großmutter dabei, die ihre beiden in Hamburg erzogenen Enkel über den Ozean geleitet hatte, um sie sicher in die Hände des Vaters, ihres Sohnes, zurückzuliefern. Die alte Frau hatte zum vierzehnten Male die Reise über den Atlantik gemacht und durch ihre ungemeine Frische und Freude an der Seefahrt uns alle oft in Erstaunen gesetzt. Der Zauber des Ozeans hatte es offenbar auch ihrem Herzen unwiderstehlich angetan; schon hörte ich, daß die alte Sehnsucht nach dem Meere sie demnächst wieder von Rio nach Hamburg zurückrufen wird, ohne Zweifel, um sie bald darauf aufs neue hinauszulocken, so Gott Leben gibt. Früher hätte ich so etwas nicht verstanden; wer aber einmal mit offnem Auge das Weltmeer geschaut hat, kann die jugendliche Schwärmerei in jenem alten Herzen begreifen. Nebenbei war mir die gute Alte auch darum besonders lieb, weil sie eine echte Hamburgerin vom alten Schlage war, die mit Vorliebe vom Brande 1842 erzählte und auch die gemütliche, alte, Hamburger Aussprache noch nicht abgelegt hatte. Sie sprach von den „Kärpfen" und „schwärzen" Bohnen, die ihr Lieblingsgericht seien, von den „Apfelsinen" im „Gärten" ihres Sohnes, der die Asche seiner seligen Frau bei sich zu Hause in einer „Urne" aufbewahre.

Nach dem Lunch um 1 Uhr fuhr ich mit unserm Schiffsarzt sowie mit demjenigen von der „Santos" in einer Barkasse an Land. Die Fahrt im leichten Dampfboot der Agentur dauerte 20 Minuten und führte uns an einer kleinen, bei der letzten Revolution stark zerschossenen Insel, auf der sich eine Militärmusikschule befindet, vorüber. Dicht bei einer Kaserne, in einem schmalen, von unzähligen Booten und Dampfern stark belebten Anlegehafen entstiegen wir unserer Barkasse, um uns sofort von einer Menge schwarzer und weißer Tagediebe umdrängt zu sehen, die uns laut schreiend ihre verschiedenen Dienste anboten. Wir lehnten alles ab und begaben uns in die Stadt, deren buntbewegtes, lärmendes Getriebe uns schon in den ersten Straßen entgegentrat.

In jenen Tagen wurde gerade in Rio mit größtem Glanze ein nationales Verbrüderungsfest zwischen Vertretern der brasilianischen und der chilenischen Armee gefeiert. Im Hafen lagen mehrere chilenische Kriegsschiffe, und zu Ehren der Gäste wurde ein Fest nach dem andern gegeben. Tag und Nacht wurde Feuerwerk abgebrannt, dessen Geknalle für den Brasilianer überhaupt die Voraussetzung zu jeder Festfreude bildet. Die Straßen aber prangten im reichsten Flaggenschmuck. Die Hauptstraße in Rio, die berühmte „Rua do Ouvidor" war beinahe zugehängt mit ellenlangen Fahnen.

Diese Straße ist wenig breiter als unser „Großer Bäckergang"; zum Schutz gegen die glühenden Sonnenstrahlen ist sie so eng gebaut. Aber nirgends in Rio gibt es mehr vornehme Cafe's, elegante Restaurants und prachtvolle Läden als in der „Rua do Ouvidor", wo den ganzen Tag über ein solches Menschengewimmel hin- und herflutet, daß man sich förmlich hindurchkämpfen muß, und jeglicher Wagenverkehr verboten ist. Abends erglänzt die merkwürdige Straße im strahlenden Lichte der elektrischen Lampen, deren zahlreiche Bögen die beiden Häuserreihen überspannen. In dem Menschenknäuel gewahrt man Damen in den modernsten pariser Toiletten, feine Herren mit Zylinder, schneeweißer Weste und Goldkette, Offiziere in geschmackvollen Uniformen, Studenten mit grellfarbigen Mützen. Mitten dazwischen aber drängen sich halbbekleidete, fleischige Negerinnen, freche, der Halbwelt angehörige Europäerinnen, zudringliche, jugendliche Stiefelputzer und Losverkäufer, angetrunkene Seeleute, farbige Soldaten und bettelnde Krüppel.

Besonders umlagert sind die Redaktionslokale der großen Tageszeitungen, deren neueste Nummern man übrigens auch an jeder Straßenecke kaufen kann, wo die

Verkäufer ihre Blätter und Zeitschriften auf dem Pflaster weit um sich her ausbreiten und mit Steinen zum Schutz gegen den Wind beschweren.

Sehr interessant sind die verschiedenen Schaufenster der „Rua do Ouvidor". Ich konnte der Versuchung nicht widerstehen, in einem der verführerischen Läden einige ausgestopfte Kolibris, getrocknete Käfer und entzückend zarte Federblumen für meine Lieben zu kaufen. Am liebsten hätte ich mir auch eine große, lebende Schildkröte erstanden, die am offenen Eingange in ein Restaurant plump auf ihrem Rücken lag. Aber abgesehen davon, daß sie gewiß zu teuer für mich gewesen wäre, bezeugte auch ein neben ihr liegender Zettel, daß abends von dem armen Tier Ragout bereitet werden sollte. Sie lag also dort nur zur Reklame für die vorübergehenden Feinschmecker.

So viel des Neuen und Wunderbaren bot sich unsern Augen in jener einen Straße, die man wohl als Rio's eigentliche Lebensader bezeichnen darf, daß wir bald ganz müde wurden. War doch auch die Hitze und das beständige Getöse um uns her eine wirkliche Strapaze. Wir tranken eine Tasse echten Brasilkaffe mit feinstem Rohrzucker und eilten zurück zum Hafen, um von dort mit günstigem Winde schnell an Bord zu segeln, wo wir, dem heißen Trubel der Weltstadt entronnen, den stillen, duftigen Abend auf der herrlichen Riobay und die heimatliche Gemütlichkeit auf unserm behaglichen Schiffe in vollsten Zügen genossen. So bereiteten wir uns auf die „Corcovadotour" vor, die für den nächsten Tag festgefetzt war. Nach einer kühlen, erquicklichen

Nacht gönnte ich mir am andern Morgen früh auf dem Verdeck eine Stunde stiller Betrachtung. In der Ferne rings umher tauchten allmählich die bewaldeten Bergriesen und die kahlen Granitmassen aus dem Nebel hervor, der sie mit dichten Streifen lange verborgen hielt. Sie bildeten einen dunkeln, bläulichen Hintergrund, von welchem sich in der Nähe das helle Grün der kleineren Hügel und das blendende Weiß der darauf hingestreckten Häusermengen wie ein entzückendes Gemälde farbenprächtig abhob.

Nachdem ich mich an dem zauberhaften Blick genugsam geweidet hatte, machte ich mich mit dem Schiffsarzt und zwei andern Reisefährten wieder auf zum Hafen und zur Stadt.

In den Straßen war es enorm heiß, und wir konnten es begreifen, daß das im Jahre 1849 von Westindien eingeschleppte gelbe Fieber in den dicht bevölkerten, schmutzigen, ärmeren Teilen dieser Tropenstadt sich einen furchtbaren Herd hat schaffen können. Besonders grausam wütet die Seuche in der Zeit vom Dezember bis April in Rio und den andern Fiebergegenden Brasiliens und rafft jährlich viele Hunderte dahin.

Der Verkehr in Rio ist ein sehr starker und entspricht dem Umstande, daß Rio der bedeutendste Handels- und Industrieplatz Brasiliens ist. Ist doch auch der Schiffsverkehr Rio's mit allen großen Handelshäfen der Welt ein ganz außerordentlich lebhafter.

An jenem Morgen fuhren wir mit einer der zahllosen, offenen elektrischen Straßenbahnen, die man auch in Rio als „Bonds" bezeichnet, aus der Stadt hinaus und dann weiter mit einer Mauleselbahn nach einer am Fuß des Corcovado gelegenen Vorstadt. Hier bewunderten wir zunächst die vielen, schönen Villen der vornehmen Kaufmannsfamilien Rio's. Die Häuser zeichnen sich durch ihre Sauberkeit, ihre hübschen Farben und Formen und besonders durch ihre merkwürdige Verschiedenheit im Stil aus. Keines gleicht dem andern. Die großen Gärten waren meist fein gepflegt und prangten in üppig wuchernder Vegetation. Hier ragten steile Palmen gen Himmel, dort mächtige, blätterlose Tamarinden mit großen Früchten an den kahlen Zweigen.

Gegen 11 Uhr bestiegen wir die Zahnradbahn, die mich durchaus an die Rigibahn erinnerte, und fuhren alsbald hinauf ins Gebirge. Welch eine Fahrt! Über schwindelnde Abgründe ging es hinüber auf kühn gebauten Viadukten, deren Pfeiler so hoch waren, daß man nur mit Entsetzen in die Tiefe schauen konnte. 35 Minuten lang führte uns die schwer arbeitende Lokomotive den steilen Eisenpfad hinauf. Jetzt umschloß uns urwaldartiges Dickicht, jetzt wanden wir uns durch rote Felswände hindurch. Mehrere Male eröffnete sich uns auch ein großartiger Ausblick auf die Stadt und den weiten Hafen. Auf einer Höhe von 700 Metern entstiegen wir dem Coupé und nach einviertelstündiger Steigung zu Fuß durch Haine von schattigen Aloen und Farren genossen wir auf dem Gipfel des Corcovado die belebende Gebirgslust, die frische Kühle und die majestätische Fernsicht.

Im lichten Sonnenschein breitete sich zu unsern Füßen ein Panorama aus, das zu beschreiben Menschenwort nicht ausreicht; man muß dem Manne beistimmen der einmal gesagt hat, so über alle Begriffe großartig und bezaubernd müsse man sich das Bild denken, das einst der Versucher auf dem Berge dem Herrn Jesus gezeigt habe. Wir konnten nur schweigen und würden, wenigstens zuerst, jedes Wort als Entweihung empfunden haben. Meer und Land, Gebirge und Urwald, Natur und Kunst dort unten schien alles aufbieten zu wollen, uns zu stummer Anbetung des erhabenen Schöpfers zu nötigen.

Bei unserer Rückfahrt hielt etwa aus halber Höhe unsere Bahn bei einer romantischen Gebirgsstation so lange, daß wir nach den unaussprechlich hohen Genüssen für das Auge und den Geist nun auch dem körperlichen Bedürfnis eines kräftigen Hungers Rechnung tragen und ein frugales Wildnisfrühstück im Garten einer Waldschenke einnehmen konnten. Dann dampften wir langsam die Bergabhänge hinunter zur Station unserer Mauleselbahn.

Nach der überwältigend schönen Corcovadotour wollte es mir in der Stadt Rio gar nicht mehr gefallen. Mehrere Male noch fand ich in den sechs Tagen unseres Aufenthalts im Hafen Gelegenheit, an Land zu kommen und das originelle Treiben auf den Straßen zu beobachten, aber immer ging ich bald wieder an Bord.

Was mich ebenso sehr wie die Hitze und der Lärm in der engen Stadt abstieß, war das mir so unsympathische, gigerlhafte Gebaren der brasilianischen Herren, besonders der jungen Herren, von denen ja leider nur allzubekannt ist, in welch' traurigem Gegensatz ihre äußere Eleganz zu dem Mangel an Vorzügen ihres Charakters und ihrer Moral steht. Beständig und mit großer Fingerfertigkeit Zigaretten drehend, Süßigkeiten schmausend, Kasse und Schokolade trinkend, mit Blumen sich schmückend und nach Parfüm duftend, geschniegelt und gebügelt von oben bis unten, den Damen auf der Straße oft zudringlich den Hof machend, so präsentiert sich die hoffnungsvolle Jugend der brasilianischen Hauptstadt dem Auge des Umschau haltenden Fremden. Stutzer gibt es gewiß leider auch bei uns genug. Aber hier zu Lande ist es doch noch so, daß man sie belächelt und bemitleidet; sie fallen unangenehm auf. In Rio indessen muß man entweder im Arbeitskittel, in Bettlerlumpen, im Negergewande oder aber in Gigerltoilette und nach neuester Mode gekleidet auftreten, wenn man nicht will, daß alle Augenblicke die Leute sich nach einem umsehen. Was aber von der jungen, wohlhabenden Welt in Rio gilt, gilt im großen und ganzen von der gesamten Bevölkerung Brasiliens. Ihr fehlt das, was sich unser Volk gottlob bis jetzt noch in so hohem Maße bewahrt hat, eine auf uralte, herzliche Frömmigkeit gegründete Stärke des Charakters, eine vom Geist des Evangeliums erfüllte Tiefe des Gemüts. Es ist, als wenn auf dem Volk des finanziell wie moralisch heruntergekommenen Brasiliens der Fluch der Vorfahren lastet, die einst das reiche, paradiesisch schöne Land des Südens mit seinen Eingeborenen so rücksichtslos und selbstsüchtig ausgebeutet, ohne sich dabei um den Herrn der Schöpfung und seinen Willen zu bekümmern.

Bei dieser Gelegenheit muß ich doch auch berichten, wie ich eines Tages mit einem echten jungen Brasilianer in Rio ein recht fatales Rencontre hatte. Es war am Freitag, den 8. Juni, als wir auf der Rückfahrt von Santos zum zweiten Male in Rio weilten. Ich hatte mit zwei mir bekannten Damen aus Hamburg, von denen die eine die Gattin des Herrn C., eines wohlhabenden, deutschen Kaufmanns in Rio, die andere Erzieherin in einer vornehmen, deutschen Familie in Petropolis war, für diesen Tag einen Ausflug nach dem berühmten botanischen Garten von Rio verabredet. Früh um 9 Uhr trafen wir uns im deutschen Konsulat, um von hier aus zunächst in einem feinen Restaurant ein brasilianisches Frühstück einzunehmen, welches der freundliche Herr C. dort für uns bereiten ließ. Ich übermittelte meine Grüße aus der Heimat und mußte soviel von Hamburg erzählen, daß ich fast ganz das Essen darüber vergaß. Es ist aber auch gewiß eine große Freude, wenn man in so weiter Ferne einmal direkte Kunde vom Vaterlande und vom Elternhause aus dem Munde eines Landsmannes erhalten kann. Im Nu war eine Stunde dahin, und Herr C. mußte mich mit seinen Damen allein ziehen lassen.

Beim herrlichsten Wetter fuhren wir per Straßenbahn aus Rio hinaus und genossen von unserm offnen Wagen aus die herrlichen Blicke, die sich uns an vielen Punkten, besonders an der sog. Botafogobay, boten. Nach einstündiger Fahrt stiegen wir aus und betraten den am Fuße eines hohen Berges gelegenen, seltsamen Garten, von dessen Eingangsthor geradeaus sich die lange, weltbekannte Allee von wichtigen, indischen

Königspalmen hinzieht, eine Allee etwa doppelt so lang wie die Kirchenallee in St. Georg, mit Bäumen, halb so hoch wie der St. Georger Kirchturm. Staunend pilgerten wir zwischen den schlanken, aber kahlen Stämmen dahin, öfters hinaufschauend zu den majestätischen Kronen, bis der glühende Sonnenbrand uns aus der schattenlosen Allee vertrieb. Wir bewunderten dann die riesigen Bambusrohr- und Fächerpalmenhaine, die schönen Laubgänge mit den murmelnden Springbrunnen und den lauschigen Grotten. In einer dieser Grotten schrieben wir Grüße auf Postkarten in die Heimat, während vor unseren Augen kleine, in allen Farben schillernde Kolibris umherflatterten und aus den Kelchen der Seerosen den Honig naschten. Entzückt verließen wir das märchenhaft schöne Paradies von Rio und traten unsere Rückfahrt an. Auf dieser nun richtete ein schwarzäugiger Herr unsere Aufmerksamkeit auf sich, der schon vorher mit uns gefahren, auch mit uns ausgestiegen war und im Garten uns sogar einmal auf französisch angeredet hatte. Offenbar hatte ein ungestümes Interesse an meinen Damen sein Herz entflammt, sodaß er nicht aus unserer Nähe wich und beständig mit seinen stechenden Augen uns verfolgte. Es war eine peinliche Situation. Er nahm sich sogar die Freiheit, dem Schaffner zweimal für uns alle zu bezahlen und sich zu weigern, von mir während der Fahrt das Fahrgeld zurückzunehmen. Da ich aus dem Benehmen des Fremden nicht etwa Höflichkeit, sondern beleidigende Unverschämtheit herausfühlte, so mußte ich mich zu einem Gewaltakt entschließen. Als unser Wagen auf einem großen, belebten Platze von Rio hielt, verließen wir denselben, und als unser Begleiter uns wiederum folgte, ging ich auf ihn zu, steckte ihm trotz seiner Abwehr das von ihm bezahlte Geld in die Westentasche und verabfolgte ihm schließlich, als er mich an meiner Uhrkette festhielt, mit meinem in Lissabon gekauften Stock einen etwas unsanften Stoß an seinen Kopf, von dem ein vorübereilender Herr noch die Hälfte mitbekam. Nach dieser kühnen Tat machte ich mich auf und davon, um nicht etwa noch in der fremden Stadt verhaftet zu werden, und war froh, als ich das Abenteuer glücklich hinter mir hatte und wieder mit meinen Damen zusammen war. Hatten diese sich sehr geängstigt, so waren Herr C. und besonders mein Kapitän um so vergnügter, als sie von dem etwas ungewöhnlichen Zweikampf hörten.

An einem der übrigen Tage, als wir vor Rio ankerten, sollte eine Tour nach Petropolis unternommen werden, jener 5 Stunden von der Hauptstadt entfernten hoch im „Orgelgebirge" sehr gesund gelegenen Stadt, die deutschem Fleiß ihren Ursprung, deutscher Sorgfalt ihre Entwickelung und deutschem Geschmack und Geist ihre Blüte und Schönheit verdankt, jenem fieberfreien, 16,000 Einwohner zählenden Ort, wo viele reiche Kaufleute, die ihr Geschäft in Rio haben, mit ihrer Familie reizende Gartenhäuser bewohnen. Man muß, um nach Petropolis, der früheren Sommerresidenz des Kaisers, zu gelangen, von Rio zuerst einige Stunden über die Bay mit einer Barke, dann hinauf durch den Gebirgsurwald mit einer kühnen Zahnradbahn und endlich noch ein Stück in der Hochebene mit einer elektrischen Bahn fahren. Manche Herren machen täglich diese große Reise zweimal. Gern hätten wir die hochinteressante Fahrt nach Petropolis und die dort seit 1825 ansässige, im besten Rufe stehende deutsche Kolonie mit ihrem trefflichen Kirchen- und Schulwesen kennen gelernt, aber an dem festgesetzten Tage, außer welchem ein anderer nicht gut paßte, goß es morgens in Strömen vom Himmel. Unser freundlicher Obersteward, der bereits ein reichliches Frühstück zum Mitnehmen für uns eingepackt hatte, weckte uns um 05:30 Uhr, als noch finstere Nacht mit ihren schwarzen Schatten Meer und Land umschleiert hielt. Aber auch als es Tag wurde, blieben die fernen Berge von schweren, dunklen Wolken umlagert; ein tropischer Regentag war unausbleiblich, an dem wir von der großen Tour wenig Genuß gehabt hätten. So beschränkten wir uns denn darauf, Rio noch einmal zu besuchen, zumal da an Bord die Arbeit des Löschens einen unerträglichen Lärm verursachte, und die Gegenwart der vielen buntfarbigen, halbnackten Schauerleute zur Gemütlichkeit keineswegs beitrug.

Unsere Fahrt durch den Hafen führte uns diesmal an zwei mächtigen, französischen „Messagerie"-Dampfern und einem großen, italienischen Auswandererschiff vorüber. In der Nähe lagen auch einige englische Frachtschiffe der großen Reederei „Lamport and Holt". Überall auch sonst trafen wir die Schiffe derselben an, die durch ihren blau und weißen Streifen am Schornstein sehr leicht zu erkennen sind. Als wir an den Wracks von zwei großen, im Hafen gesunkenen Schiffen vorüberruderten, sahen wir uns plötzlich von einer Schar lustig springender Tümmler umgeben, die in der Bay von Rio ganz zahm zu sein scheinen.

In der Stadt versuchte ich, den langjährigen Leiter der deutschen, evangelischen Gemeinde und Schule zu treffen, Herrn Pastor Dr. theol. Gruel, mit dem ich im Austrage des Hamburger Vereins von Freundinnen junger Mädchen so gern eine Besprechung über den schändlichen Mädchenhandel gehabt hätte, welchem in den großen Städten Südamerikas jährlich viele Töchter auch unseres Volkes ahnungslos zum Opfer fallen. Konnte ich doch selber in Rio zu meinem tiefen Schmerz auf Schritt und Tritt beobachten, wie unter den unglücklichen Sklavinnen der gewerbsmäßigen Unsittlichkeit das deutsche Element im Vordergrunde steht. Leider gelang es mir nicht, den deutschen Geistlichen zu treffen, sodaß ich mich mit der Auskunft begnügen mußte, die mir Herr J., der beliebte und angesehene Besitzer einer deutschen Apotheke in Rio, geben konnte. Was uns bei der diesmaligen Wanderung durch Rio auffiel, war zunächst wieder das eigenartige Gewoge der Menschen in den Straßen, das bunte Gemisch von Weißen, Mulatten, Negern und Indianerabkömmlingen. Rio soll über 500,000 Einwohner haben. Dann aber war es auch die unglaubliche Faulheit und Frechheit der zahlreichen großen und kleinen Hunde, die sich auf den Gassen umherwälzten, welche uns in Erstaunen setzte.

Unser Weg führte uns an vielen offenen Restaurants vorüber, in welchen herumziehende Italiener die anwesenden Gäste mit Harfen- und Mandolinenspiel erfreuten, sodaß dieselben von ihrem brasilianischen Lieblingsgetränk, kühlem Apollinarisbrunnen mit Turiner Wermut, doppelten Genuß hatten.

Eigentlich beabsichtigten wir, abends einem Stiergefecht beizuwohnen, doch gaben wir den Plan wieder auf, weil sich in uns bereits wieder die Sehnsucht nach der „Porto Alegre" regte.

Nach einigen kleinen Einkäufen kehrten wir schleunigst an Bord zurück, um nachmittags noch einen Besuch auf der „Cordillere", einem der erwähnten französischen Dampfer, zu machen. Der greise Schiffsarzt, mit dem ich französisch radebrechen mußte, führte uns sehr freundlich auf Deck und in den Kajütsräumen umher, die so überaus geräumig und elegant waren, daß unser Schiff uns dagegen wie ein Kahn vorkam. Indessen, darin waren wir uns einig, weder an Gemütlichkeit, noch an Sauberkeit konnte sich das schwimmende, französische Hotel mit der „Porto Alegre" vergleichen, die überhaupt, wohin sie auch kam, vor allen andern Dampfern wegen ihrer tadellosen Reinlichkeit und ihres schmucken Äußern ganz bedeutend hervorstach, was jedem auffiel. Auch in anderer, in sittlicher Beziehung sollen auf den französischen Passagierdampfern Zustände herrschen, die geradezu unglaublich sind und es anständigen Familien unmöglich machen, auf ihnen zu reisen. Kein deutscher Kapitän würde auf seinem Schiffe dulden, was bezeichnender Weise die französische Lebewelt an Rücksicht auf ihre Passionen von Kapitänen und Reedereien fordert.

So waren denn die fünf Tage im Hafen von Rio reich an vielen, neuen, erfreulichen und betrübenden Eindrücken. Schnell war der Mittwoch, der Tag der Abreise, gekommen. Nachdem ich am Vormittag noch eine Unzahl von Postkarten mit Grüßen aus Rio in die Heimat geschrieben, die ein englischer, mit Fleisch von Neuseeland gekommener Schnelldampfer „Rimutaka" noch selbigen Tages direkt nach Southhampton mitnehmen sollte, beobachte ich gegen Mittag den weithin auf der Bay sichtbaren Zeitball der nautischen Hafenstation von Rio. Täglich signalisiert derselbe durch Herunterfallen an seiner hohen Stange den Moment, in dem die Sonne ihren höchsten Stand am Himmel erreicht, und gibt dadurch den Seeleuten eine sichere Norm, nach welcher sie ihre Uhren stellen können. Übrigens, wenn es in Rio erst 12 Uhr mittags ist, zeigt in Deutschland die Uhr bereits 03:30 Uhr nachtmittags.

Als am genannten Tage der Ball niedergelassen wurde, ließen pünktlich die Kirchturmsglocken von Rio ihren dumpfen, aber wenig melodischen Klang durch die Lüfte zittern. Es galt ja, den bevorstehenden Himmelfahrtstag feierlich einzuläuten. Meine Gedanken eilten unwillkürlich in diesem Augenblick in die Heimat, wo man sich ebenfalls zur Feier des lieblichen Festes rüstete. – Um 2 Uhr ertönten unsere Glockensignale in der Maschine. Die Anker wurden ausgenommen, und langsam setzte sich die „Porto Alegre" in Bewegung. Die Kriegsschiffe und das Fort bei St. Cruz wurden durch Tippen der Flagge offiziell begrüßt, dann ging es hinaus aus der Bay in den wogenden Ozean.

Zuerst dampften wir hart am Festlande, an den Felsen von Tijuka entlang und ließen links einige von Mövenschwärmen bewohnte, grüne Inselchen liegen, dann steuerten wir stark westlich, dem Endziel unserer Reise, dem verrufenen Fieberherde Santos, zu.

Ilha des Palmas bei Santos

7. Von Rio nach Santos.

(26. und 27. Mai 1897.)

Nach mehrtägigem, ruhigem Aufenthalt im Hafen und an Land muß man sich oft ans Seefahren erst ordentlich wieder gewöhnen. Eine Viertelstunde lang fürchtete ich, wirklich seekrank zu werden. Glücklicherweise aber überwand ich das Unbehagen sehr schnell, trotzdem das Schiff arg schlängelte; ich beteiligte mich sogar mit großem Appetit nachmittags am Essen, dem viele der neuen Passagiere fernzubleiben sich genötigt sahen. Unter diesen befanden sich leider mehrere recht wenig angenehme Persönlichkeiten, Herren, die sich höchst unappetitlich und nach Brasilianermanier ungeniert benahmen, und Damen, die mit ihren eine deutsche Nase geradezu verletzenden Odeurs die ganzen Kajütsräume erfüllten. Es war eine ungemütliche Gesellschaft.

Um so enger schlossen sich an diesem Abend die alten Gefährten zusammen. Ich freute mich, daß die zwei jungen Hamburger, die nach St. Paulo wollten, sich in Rio entschlossen hatten, zur See über Santos zu reisen. Sie hätten auch direkt per Bahn von Rio nach St. Paulo fahren können, aber diese brasilianische Eisenbahn steht in dem denkbar schlechtesten Ruf. Es soll kaum ein Tag vergehen, an dem sich nicht irgend ein Unglücksfall ereignet. Außerdem aber wirkt die Hitze in den engen Coupé`s, die Unzuverlässigkeit des Fahrplans und der große Mangel an Komfort auf einer brasilianischen Bahn abschreckend. Auch die unruhigste Seefahrt verdient daher ohne Zweifel den Vorzug.

Bis nach Mitternacht saßen wir auf dem Verdeck fröhlich beisammen. War am Abend bereits der Naturgenuß ein hoher gewesen, den uns die untergehende Sonne bot, indem sie die dunklen Berge der steilen Küste und die merkwürdig zerklüfteten Wolken goldig umsäumte, so war es nachts vollends ein übermächtiger Eindruck, den der südliche Sternenhimmel auf uns machte, wie er so schweigend das schwarze und weite Meer überwölbte und es im silbernen Wiederschein mit unzähligen, zitternden Lichtern übersäte.

In der Frühe des Himmelfahrtstages erwartete ich auf der Brücke den Sonnenaufgang, der um 6 Uhr in wunderbarer Pracht begann und leider nur einige Sekunden dauerte. Ein tiefblauer Hauch lag auf dem dichten Urwald der Küstengebirge, während die See, ganz anders wie sonst, in hellem Grün schimmerte.

Gegen 8 Uhr kamen wir vor dem Meeresarm an, der die flache und sumpfige Insel, auf deren Innenseite Santos liegt, umschließt. Bevor wir in diesen Arm, der bei Santos eine weite, von hohen Bergen lieblich umrahmte Bucht bildet, hineinsteuerten, passierten wir die einige Meilen von der Stadt entfernte, dicht an den hohen Waldbergen der Küste gelegene Insel „das Palmas". Dieselbe ist in fürsorglicher Weise von der „H.-S.-D.-G." gepachtet worden, um in den Fiebermonaten des heißen Sommers den deutschen Seeleuten ihrer Dampfer eine gesunde und angenehme Zufluchtsstätte zu gewähren, während in Santos die Lösch- und Ladearbeit von Eingeborenen verrichtet wird. Auf der Insel befindet sich ein größeres Haus für die Mannschaft und die Offiziere, ein kleineres für Kapitän und Arzt. Der Besatzung pflegen die Tage auf dieser friedlichen Insel im fernen Ozean" immer rechte Freuden- und Erholungstage zu sein, die zum Angeln, Jagen, Baden und mancherlei Kurzweil genug Gelegenheit bieten. Hier wird auch die Hitze bei der stets wehenden, frischen Seebrise nicht so sehr wie im Hafen von Santos empfunden. Auf den großen Felsen der Insel prangen einige mächtige Inschriften, welche verkünden, von welchen Schiffen und in welchen Tagen dort unsere Seeleute still und fröhlich geweilt.

Als wir an der Insel vorübergefahren waren, bogen wir in die anfangs ziemlich schmale Bucht von Santos ein. Rechts ließen wir eine uralte, verwitterte Festung liegen, die jetzt zugleich als Fort und als Lotsenstation dient, links mehrere kleine, dichtbewaldete, steil emporragende Inselchen. Immer breiter wurde der tiefe Wasserarm, an dessen beiden Ufern sich marschartige, üppige Gefilde ausbreiten. Bewachsen sind sie mit Palmen, breitblättrigen Bananenstauden und dichtem Unterholz. Dazwischen liegen zahllose, reizende, kleine Landhäuser, aber auch viele wildromantische, ganz einfach gebaute Negerhütten. Vor den letzteren erblickten wir lange Canoe's, schmale, ausgehöhlte Baumstämme, die gefährlichen Fahrzeuge der Eingeborenen.

Auf dem halben Wege nach Santos begrüßten uns mit ihren Flaggen 2 schlanke, hübsche Hamburger Vollschiffe von der Reederei „Wencke Söhne". Sie waren nachts von der See gekommen und lagen nun nach ihrer langen Reise befriedigt vor Anker. Ihr landsmannschaftlicher Morgengruß machte uns natürlich große Freude.

Weniger dagegen heimelte uns der Anblick der zahlreichen Wracks an, von denen die ganze Santosbucht an ihren Gestaden gleichsam eingefaßt ist. Sie rühren von Schiffen her, deren Besatzung einer der früher so häufigen und heftigen Fieberepidemien erlegen ist. Noch im Anfang dieses Jahrzehntes hat das tückische gelbe Fieber auf mehreren Schiffen in Santos vom Kapitän bis zum letzten Schiffsjungen alles jäh dahingerafft. In der Heimat aber sind oft keine Seeleute zum Nachsenden zu haben gewesen, und, anstatt für die vielen Wochen das teure Ankergeld zu bestreiten, haben die Eigentümer solche Schiffe dann einfach preisgegeben. Nachdem sie von den Brasilianern auf den Strand gesetzt sind, hat man sie verbrannt. Die übrig gebliebenen Trümmer aber ragen immer noch schaurig aus dem seichten Wasser hervor, als wollten sie jeden Ankömmling warnend daran erinnern, daß Santos für viele Tausende, die dort eine neue Welt für ihr Streben und Schaffen erhofften, ein grausam finstres Grab geworden ist. Wie mancher hoffnungsvolle Sohn auch unsrer Vaterstadt hat drüben in Santos sein junges Leben ausgehaucht.

Begreiflicherweise wurde uns Neulingen bei dem erschütternden Anblick der trostlosen Schiffsruinen etwas beklommen zu Sinn; unserm Schiffsarzt stand geradezu der Schrecken aufs Gesicht geschrieben. Dazu kam nun noch, daß grade, als wir auf der Reede draußen vor Santos zu Anker gehen mußten, weil am Kai noch kein Platz für uns war, ein furchtbares Gewitter über uns losbrach. Die Donner krachten, grelle, zackige Blitze warfen ihr unheimliches, grünlichblaues Licht auf die romantische Gebirgsszenerie um uns her, und ein wolkenbruchartiger Regen prasselte auf das Verdeck und das stille Wasser hernieder. Als es aber wieder ruhig und etwas heller wurde, kam von Norden einer der gefürchteten, heißen Winde auf, von dem unser Kapitän in seinem derben Ernst sagte, wenn es nicht glücklicherweise Winter wäre, so könnten wir bei diesem Wind nur alle unsern Sarg bestellen.

Santos liegt ja bereits unter dem südlichen Wendekreis des Steinbocks, und wenn auf unserer nördlichen Erdhalbkugel der Sommer beginnt, zieht auf der südlichen der Winter ein. Am Tage freilich merkt unsereins in jenen mittleren Gegenden vom Winter nichts. Die Hitze ist dort auch im Winter immer noch 2 - 3 mal so groß, als bei uns im Hochsommer. Nur die Abende sind oft empfindlich kühl. Wie fürchterlich glühend und ungesund aber muß es in den Tropen zur Sommerszeit sein!

Als wir eben vor Anker lagen, erschien wieder die übliche Visite. Auch der Agent der „H.-S.-D.-S." in Santos, ein sehr feiner und liebenswürdiger, älterer, englischer Herr kam mit seinen allerliebsten, blondlockigen Töchterchen an Bord, um eine neue, deutsche Gouvernante zu empfangen, die von Rio mit uns gereist war, nach 8 Tagen aber schon wieder nach Rio zurückkehrte, wohl weil sie sich als nicht geeignet erwiesen hatte. Desgleichen wurden drei Zollbeamte aus der „Porto Alegre" abgesetzt, ein schwarzer und zwei weiße, um den Verkehr und die Arbeit auf dem Schiff zu über- wachen und etwaigen Schmuggel zu verhindern.

Die Herren Zöllner blieben die ganze Woche an Bord und wurden in der 1. Kajüte vorzüglich verpflegt. Daß bei den brasilianischen Beamten dieser Dienst aus europäischen Passagierdampfern besonders geschätzt wird, geht schon daraus hervor, daß sich in der Regel 2 - 4 Mann zu demselben kommandieren lassen. Ohne diese liberale Behandlung seitens der europäischen Reedereien würde die Zollbehörde aber auch jedenfalls kaum so entgegenkommend und coulant sein, wie sie es ist. Sie weiß eben, wie viel solche Kur- und Ruhestationen für ihre Angestellten wert sind.

8. Santos und St. Paulo.
(27. Mai bis 2. Juni 1897.)

Den Himmelfahrtstag über blieben wir mitten auf der weiten, stillen Santosbay vor Anker und bewunderten die unbeschreiblich schöne Landschaft. Besonders reizvoll fand ich die Farbenpracht derselben. Die mit ewigem Urwald bedeckten Berggruppen, welche die Bucht und die Niederung umrahmen, erinnerten mich sehr an den deutschen Schwarzwald. Hellgrün hoben sie sich zunächst vom dunkeln Wasser ab, um sich sodann in ihrer mittleren Höhe in ein tiefes Blau zu hüllen und endlich in ernstem Dunkelgrün zum heitern, lachenden Himmel emporzuragen.

Unmittelbar über der Stadt Santos erhebt sich ein kegelförmiger, grotesker Berg mit romantischen Wald- und Felsszenerien, der Montserrat, auf dessen Gipfel eine Wallfahrtskirche steht, von der aus man eine herrliche Umschau haben muß. Bei den Wallfahrten zu diesem kleinen, katholischen Heiligtum soll es in der Regel sehr schamlos und wüst hergehen. Augenzeugen berichteten mir von dem Treiben unerhörte Dinge. Und das verträgt sich alles mit dem Gottesdienst! Aber so steht es überhaupt mit der katholischen Religion in Brasilien; sie besteht meist nur aus finsterm Aberglauben und nacktem Heidentum, mit dem Zucht- und Sittenlosigkeit nach allen Richtungen hin sich wohl verträgt.

In Santos übrigens soll, leider auch bei einigen unserer Landsleute, das Gefühl für Anstand und Moral besonders gering sein. Daraus erklärt es sich auch wohl, daß in den Zeitungen mit Vorliebe Berichte über Gerichtsverhandlungen veröffentlicht werden, in denen die scheußlichsten und widerlichsten Vergehen gegen die Sittlichkeit eingehend erörtert werden. Damals gerade machte, freilich aus einem andern Grunde, die in St. Paulo erscheinende deutsche Zeitung „Germania" viel von sich reden, in der unser Kaiser auf die gemeinste und unflätigste Weise beschimpft worden war, sodaß uns das Blut vor Zorn in die Schläfe schoß, als wir es lasen. Zum Glück regte sich aber bereits in St. Paulo die Opposition zahlreicher Landsleute gegen die feige Frechheit des Redakteurs.

Am Fuße des Montserrat dehnt sich Santos aus, die einzige Hafenstadt des kaffeereichen Staates St. Paulo; eben als solche hat sie sich trotz der giftigen Fieberseuche, die in so manchem Jahr das schwerste Mißgeschick über die Stadt gebracht hat, zu ihrer heutigen Blüte erhoben. Sie zählt etwa 25000 Einwohner aus den verschiedensten Nationen und ist ein ganz hervorragend lebhafter Handels- und Hafenplatz.

Übrigens gilt Santos jetzt im Gegensatz zu früheren Zeiten als die gesundeste Hafenstadt Brasiliens.

Die meilenweit um Santos sich bis zum Meer und den Gebirgen hin ausbreitenden Sümpfe sind ja allerdings nicht zu beseitigen, wenngleich auch in dieser Richtung durch Kanalisation schon viel gebessert ist. Was aber noch viel ungesunder als die dicht bewachsenen Sümpfe war, der Hafen, dessen Verbindung mit dem Lande früher nur in einem schlammigen, übelriechenden Morast mit einigen Holzbrücken und Siegen bestand, der ist jetzt ganz wesentlich verändert. Lange, massive Kaimauern ziehen sich jetzt ganz wie in Hamburg als Scheide zwischen Wasser und Land vor der Stadt hin und werden noch jetzt beständig weiter ausgedehnt. Diese großen Bauten haben aber eine ganz erhebliche sanitäre Verbesserung gegen früher zur Folge gehabt, sodaß die Angst vor Santos, wenn man sich dort nur maßvoll und vernünftig hält, keineswegs mehr begründet ist. Wer freilich ausschweifend lebt, ist nach wie vor dem gelben Fieber leicht zugänglich.

Diese und ähnliche Dinge bildeten naturgemäß auch den Gegenstand unsrer Unterhaltung auf unsrer zum Warten verurteilten „Porto Alegre", die im Laufe des Tages von mehreren Deutschen aus der Stadt und andern Herren besucht wurde.

In der späten Abendstunde und nachts hatten wir mehrere höchst originelle Kollisionen, vor denen wir aus See Gottlob verschont geblieben waren. In unsrer Nähe lagen nämlich 2 vom Hafenlotsen offenbar längst nicht in dem erforderlichen Abstand von uns verankerte, große Segelschiffe, die ebenso wie wir beim Wechsel von Ebbe und Flut infolge der starken Strömung jedes Mal ihre Lage veränderten oder, wie der Seemann sagt, „herumschwoiten". Hierbei gerieten wir mehrere Male dann mit dem einen, dann mit dem andern zusammen, und nur durch den Umstand, daß die „Porto Alegre" mit Dampf vorwärts oder rückwärts gehen konnte, wurde ein ernstes Malheur verhütet. Einmal freilich brach die amerikanische Schonerbrigg „Adline" mehrere Stangen von unsrer Reling am Achterdeck mit ihrem Klüverbaum wie Schwefelsticken entzwei, und sicher wäre der Baum auch in den Rauchsaal eingebrochen, wenn sich nicht bei uns alle Mann dagegen gestemmt hätten. Die Amerikaner blieben bei dem ganzen Abenteuer höchst phlegmatisch in ihrer Koje liegen. Niemand kam hervor; der im Dunkel auf der Back Wache haltende Koch aber erklärte aus die Aufforderung hin, auch mit Hand anzulegen, einfach: „that's not my business", und guckte untätig dem Ereignis zu.

So war es denn sehr verständlich, daß am nächsten Morgen unser Kapitän ein Boot klar machen ließ, um schnell an Land zu fahren und sich über den Lotsen zu beschweren. Die Beschwerde ist auch nicht erfolglos geblieben, und der unvorsichtige Beamte auf eine Zeit lang suspendiert worden.

Auch am Freitag mußten wir noch bis 5 Uhr nachmittags warten. Endlich sahen wir unsere Hamburger „Argentina" von der Stadt kommen. Als sie an uns vorüberglitt, rief der Kapitän derselben von der Brücke aus uns einen kraftvollen Gruß herüber und schwenkte seinen großen, weißen Strohhut; wir aber wünschten ihm glückliche Heimfahrt und baten ihn, Hamburg zu grüßen. Die „Argentina" fährt jedoch viel langsamer als die „Porto Alegre" und wurde eben hinter Dover von uns wieder eingeholt, obgleich sie uns 8 Tage voraus hatte.

Wir verholten nun nach dem am Kai frei gewordenen Platz und wurden an den starken Trossen daselbst vertäut. An derselben Stelle mündete zu unserm Entsetzen eine große Kloake in den Hafen, die einen recht penetranten Geruch verbreitete. Wir lagen zwischen einem großen, deutschen Vollschiff „Charlotte" und dem Bremer Lloyddampfer „Prinz Friedrich Wilhelm", der oben an seinem schön geschwungenen Bugspriet mit einer hübschen, weißen Büste vom seligen Kaiser Friedrich als Gallionsfigur geschmückt ist.

Der Abend ging damit hin, daß wir von unseren letzten Reisegefährten Abschied nahmen, am Kai ein wenig spazieren gingen, einen Blick in die dicht mit Kaffee und Stückgütern gefüllten Schuppen aus Hamburger Wellblech taten und uns freuten, so direkt vom Schiff an Land gehen zu können, was uns in keinem andern auswärtigen Hafen sonst vergönnt war. Schließlich setzte ich mich mit dem Arzt zu den Offizieren in die „Messe", zündete mir eine lange Pfeife an und nahm, nachdem ich einige heimatliche Fremdenblätter von Anfang Mai durchgelesen, an dem fröhlichen Geplauder der freundlichen Seeleute teil.

Am nächsten Vormittag machte ich mit dem Kapitän einen Besuch bei dem liebenswürdigen Agenten und nahm das mächtige, sehr lustig gebaute Haus in Augenschein, in welchem sich die verschiedenen Räume des großen Geschäfts befinden. Es erinnerte durchaus an unsere massiven, alten, Hamburger Kaufmannshäuser. Dann sah ich mich in Santos etwas weiter um. Nur wenige Straßen waren belebt, die meisten waren recht still. Am regsten war der Verkehr in der Hafengegend, wo der Kaffee zur Verladung kam. Sackweise wird er von kräftigen Negergestalten aus den Schuppen an Bord geschleppt. Höchst originell war der Anblick der in langen Reihen eifrig hintereinander hertrabenden

Schwarzen. 10–15000 Sack Kaffee sollen täglich in Santos umgesetzt werden.

Die Gebäude der Stadt sind meist niedrig und hell getüncht; manche prangen in blauen, gelben oder grünen Farben. In unserer Nähe befand sich eine häßliche Kirche, im Jesuitenstil erbaut, und das große Zollgebäude, „Alfandega" genannt, wo ein schwarzer Soldat mit sehr unmilitärischer Haltung Posten stand.

Irgendwelche schöne Bauten habe ich in Santos nicht entdeckt. Am Wasser zieht sich eine schmutzige Straße mit vielen Kaufläden und Kneipen für Seeleute hin, wo man gradezu staunen muß über die Fülle der baufälligen Buden und häßlichen, unordentlichen Spelunken.

Angenehm berührte mich dagegen der öffentliche Palmengarten von Santos mit seinen hübschen Anlagen und besonders der Marktplatz, wo viele interessante, südländische Gemüse- und Obstarten zum Verkauf ausgestellt waren. Für einige Pfennige kaufte ich mir hier zum Verschenken einige Stauden Zuckerrohr. Auf die Früchte verzichtete ich, so lockend sie auch waren, weil ihr Genuß dem Fremden leicht Gefahr bringen kann. Wohl aber erlag ich der Versuchung, die der nahe dem Kai gelegene Tiermarkt auf mich ausübte, zu dem ich mich immer und immer wieder vom Schiffe aus hinschlich. Hier wurden nicht nur schwarze Ferkel, große Truthühner, türkische Enten und dergl. für die Proviantmeister der Schiffe feilgeboten, sondern auch für Naturfreunde große Schlangen, kleine Affen, Nasenbären, Gürteltiere und zahllose, entzückende Vögel, besonders kleine, reizend gefärbte Ziervögel. Für etwa 3 Mark erstand ich mir ein Bauer mit 6 Apfelsinenvögelchen, deren Gefieder gelb und stahlblau war. Leider flogen mir auf See 4 aus dem beschädigten Bauer davon, während ich 2 gesund mit heimgebracht und mehrere Wochen auch zu allgemeiner Freude am Leben erhalten habe. Dann allerdings gingen in Hamburg die Apfelsinen aus, und die kleinen Tierchen erkrankten und starben, da ich sie mit den teuren Bananen auf die Dauer doch nicht füttern konnte, sondern ihnen Reis und Kartoffeln gab. Gern hätte ich mir auch ein Paar der schwarzen Pfeffervögel gekauft, deren melancholische Augen den Blick eines Menschen haben, und deren kolossaler Schnabel fast ebenso groß und schwer ist wie der ganze übrige Körper. Aber der Preis war mir zu hoch.

Eine weitere Erforschung von Santos mußte ich am Mittag vorerst aufgeben, da ich nach dem „lunch" mit dem Kapitän und dem Arzt per Bahn nach St. Paulo wollte. Obgleich unser Obersteward klapperndes Malariafieber bekommen hatte, so war doch die Verpflegung an Bord auch während der Hafentage eine tadellose. Wir ließen uns die treffliche Hamburger Kost im fernen Süden gut schmecken, packten unsern Koffer und eilten dann zum nahen Bahnhof.

Die Bahn von Santos nach St. Paulo gehört einer englischen Gesellschaft und ist daher im Gegensatz zu den brasilianischen Bahnen im Besitze aller Vorzüge, die das Reisen angenehm, sicher und auch billig machen. Sie soll sich brillant rentieren. Schon gleich das

Bahnhofsgebände in Santos, der Bahnsteig und das Beamtenpersonal machten einen vertrauenerweckenden Eindruck. Ein Retourbillet I. Klasse für die 3¼-stündige Fahrt kostete etwa 7 Mark. Neben dem Schalter stand ein Polizist mit einem deutschen Seitengewehr, Modell 71/84, das ich sofort erkannte. Brasilien scheint also von der abgesetzten, deutschen Waffe einen Teil für die Polizei gekauft zu haben.

Wir nahmen in einem hübschen, durchgehenden Wagen mit etwa 50 - 60 geflochtenen Rohrsitzen Platz, in den aus den oberen, blauen Glasscheiben ein freundliches Licht hineinfiel, während zu beiden Seiten die großen, geöffneten Fenster einen bequemen Ausblick gewährten. In der II. Klasse ist einem Europäer das Reisen nicht zu empfehlen. Dort soll es oft sehr wenig angezogene und darum auch sehr wenig anziehende Mitreisende geben. In unserm Wagen dagegen saß nur anständiges Publikum. Ausfallend waren einige Farbige in höchst eleganter Toilette.

2 Uhr 45 setzte sich der Zug in Bewegung, um zunächst auf schmalem Schienenstrang ein flaches Sumpfland zu durchsausen, das mit zahlreichen Hütten bedeckt war und vielen fetten Rindern gute Weide, ganzen Scharen schwarzer Aasgeier aber sichere Schlupfwinkel zur Bewältigung ihres eklen Fraßes bot. Die Vegetation dieser Gegend war über alle Begriffe üppig. Schlingpflanzen aller Art und Bananen mit dicken Fruchtbüscheln wucherten überall.

Plötzlich waren wir am Rande der merkwürdigen Marschlandschaft angelangt. Nun ging es ganz allmählich sanft bergauf, hinein in das romantische Waldgebirge „Cubatão". Auf der Talstation „Raiz da Serra" tranken wir eine Tasse Kasse, den wir uns selbst aus einem Automaten hervorzauberten. Dann ging es ohne Lokomotive den schmalen steilen Eisenbahnpfad hinauf. Unsere 3 zusammengekoppelten Wagen wurden mit einem starken Drahtseil, das über kleine Räder zwischen oder neben den Schienen dahinlief, zu schwindelnder Höhe hinaufgezogen, wobei die emporwindende Kraft von mehreren mächtigen, auf 4 verschiedenen Stationen am Wege aufgestellten Dampfmaschinen ausging, während durch 3 zur selben Zeit hinuntergelassene Wagen ein gewisses Gleich- oder Gegengewicht erzielt wurde. Nach einstündiger Fahrt waren wir auf dem Kamme des Gebirges bei der Station „Alto da Serra" angelangt. Von da ab ging es dann wieder mit der Lokomotive weiter durch die Hochebene.

Die eigenartige Gebirgsbahn interessierte uns ganz ungemein. Ich kenne die Drahtseilbahn, die auf den Bürgenstock bei Luzern führt; aber die Santos-St. Paulo Bahn ist unaussprechlich viel großartiger und steiler; sie führt 800m in die Höhe. Und dann die Gebirgslandschaft! Zur Seite sieht man einen Fluß ins Tal schäumen, in den viele aus dem Wald herabspringende, silberne Bäche münden. Rechts und links ragen 3-5000 Fuß hohe Berge zum blauen Himmel empor. Einmal rollte der Zug über eine Brücke hin, die, auf Riesenpfeilern ruhend, eine tiefe, wilde Schlucht überspannt. Dichter Urwald bedeckt meilenweit ringsumher die Berge und Täler mit ernstem, dunklem Grün. Hier sieht man

Wälder, deren Dickicht noch nie von Menschenfuß betreten ist, die noch eine ungestörte Behausung der Affen, Papageien und wilden Tiere sind.

Auf der genannten Endstation der Seilbahn stiegen viele Leute, darunter manche Herren mit hochschaftigen Lackstiefeln ein, die wohl in der herrschenden Regenzeit bei dem rötlichen Lehmboden ganz praktisch sind. Die Tour in der Hochebene war weniger spannend. Wir sahen an der Bahn viele Lehm- und Schilfhütten, an den Abhängen mehrere jener kegelförmigen, 1–2 m hohen, steinharten Erdhügel der weißen Ameisen, „Termiten" genannt, die ihrer Gefräßigkeit wegen sehr gefürchtet sind. Auf den Wiesen wuchsen wild die saftigen Ananas, in den Wäldern hohe Baumfarren. Im Übrigen freuten wir uns an der goldigen, purpurnen Beleuchtung des völlig an Italien erinnernden Abendhimmels. Je näher wir St. Paulo kamen, desto zahlreicher wurden die Villen und Häuser. Schließlich fuhren wir durch eine Art Vorstadt mit vielen Gärten, Ziegeleien und Fabriken, und um 6, als es bereits ganz dunkel war, lief der Zug in den Bahnhof der großen Hauptstadt des Staates St. Paulo ein.

Der Kapitän wurde sehr liebenswürdig von einem befreundeten Herrn abgeholt, während der junge Doktor mit mir ein deutsches Gasthaus aufsuchte. Der schwäbische Wirt, Herr Schwab, wies uns in seinem freundlichen, an einer breiten, gartengeschmückten Straße gelegenen „Hotel Albion" ein großes Zimmer an und servierte uns an einer langen, nur von deutschen Gästen besetzten Tafel ein gutes und reichhaltiges Mahl.

Nach demselben gingen wir in die Stadt, die einen durch und durch deutschen Eindruck macht. Pflasterung, Beleuchtung, Läden und Häuser sind ganz wie bei uns. Auf den Straßen hört man immerfort die teure Muttersprache in allen Mundarten, und auf den Firmenschildern liest man sehr häufig deutsche Namen und deutsche Worte. Mit leichter Mühe fragten wir uns nach dem deutschen „Kasino" hin, dem prachtvollen Gebäude des angesehensten, deutschen Klubs in St. Paulo, das früher eine Spielhölle in seinen Mauern beherbergt hat. Hier wurden wir aufs liebenswürdigste aufgenommen und mit einem kühlen Trunk frischen Bieres bewirtet, das an Ort und Stelle in einer neuen Brauerei „Bavaria" gebraut war und, wenn auch sehr eigentümlich, so doch recht gut schmeckte. Es soll beim Brauen in Brasilien Reis mit zur Verwendung kommen.

Unter den Herren im „Kasino" entdeckte ich wieder einen alten Schul- und Jugendfreund, den ich etwa 20 Jahre nicht gesehen und doch sofort wiedererkannte. Auch sonst gab es Beziehungen in reicher Fülle, sodaß wir uns gar nicht fremd fühlten.

Einige Herren vom „Kasino" geleiteten uns dann in einen zweiten deutschen Klub, der uns zwar auch recht freundlich und gastfrei aufnahm, aber doch sehr bald durch den Ton der Unterhaltung merken ließ, daß er keineswegs auf der Höhe steht, wenngleich er über die schönsten Räumlichkeiten, Billardzimmer, Kegelbahn, Lesesaal und dergl. verfügt. Es ist doch zu schade, daß manche Menschen nicht vergnügt sein können, ohne daß über zweideutige oder gemeine Dinge geredet wird.

Sie fühlen sich erst wohl, wenn das Gespräch ihrer vergifteten Phantasie Rechnung trägt.

An Bord habe ich, wenigstens im Verkehr mit den Seeleuten, nie etwas derartiges empfunden. Wohl fiel oft ein derbes Wort, ein für Damenohr nicht immer geeigneter Scherz, aber auf das Gebiet des Schlüpfrigen und Unanständigen begab sich in meiner Gegenwart auch die heiterste Unterhaltung niemals.

Im „Kasino" war es übrigens auch in dieser Hinsicht viel feiner als in dem andern Klub.

Nach einem Spaziergang durch einige ganz in Hamburger Art gehaltene Straßen der Stadt kehrten wir todmüde in unser Hotel zurück, um nach langer Zeit zum ersten Mal wieder in einer Stube und in einem breiten, festen Bett zu schlafen, was uns ebenso ungewohnt, wie behaglich vorkam.

Der nächste Tag war der Sonntag Exaudi. Evangelischer, deutscher Gottesdienst fand zu meinem großen Bedauern leider nicht statt, weil der Pastor verreist war. Ich hielt daher meinen Gottesdienst wieder unter freiem Himmel, indem ich mit dem Doktor im nahen Kaisergarten, dem öffentlichen Stadtpark, an dem sonnigen, stillen Morgen über mancherlei ernste Fragen ein ganz trauliches Gespräch führte. Bei aller Verschiedenheit in vielen Richtungen verstanden wir beide uns im Grunde doch recht gut und waren für die höchsten Ideale des Lebens auch in gleicher Weise begeistert. Mit Freuden gedenke ich noch jener friedlichen Stunde, in der wir in einer mächtigen Bambusrohrallee hin- und herwandelten. Wenn der laue Morgenwind durch das schwanke

Gezweig rauschte, so gab es ein Knistern und Knirschen, das dem Ohr ganz eigenartig wohl tat.

Nach einem kalten Frühstück in unserm Hotel und einer Wanderung durch einen Teil der in friedlicher Sonntagsstille ruhenden Stadt besichtigten wir das Äußere des „Ypiranpalastes", des Regierungsgebäudes von St. Paulo, und hatten auch die Ehre, den Präsidenten des Staates an uns vorüberfahren zu sehen. Des Mittags war es in den Anlagen vor dem schönen Bau so unerträglich heiß, daß wir's dort nicht lange aushalten konnten. Zwei freundliche Deutsche zeigten uns den Weg nach dem Bahnhof einer kleinen Eisenbahn, mit der wir eine Tour nach den Wasserbassins der sog. Cantareira, der „Kaltenhofe" von St. Paulo machen wollten.

Wieder bestätigte sich uns, wie billig man in Brasilien auf der Eisenbahn fährt. Die einstündige Fahrt hin und zurück kostete nur ca. 50 Brasilianische Real. Eine winzige Lokomotive eilte mit ziemlich vielen Ausflüglern in 3 luftigen, ganz offnen Wagen zuerst durch eine dem Hammerbrook vergleichbare Vorortsgegend. Dann wurde es ländlich. Weinanlagen, Gärten mit Apfelsinen und Kamelien wurden durchquert. Hierauf ging die Ebene allmählich in gebirgsartige Schluchten über, wo der rötliche Lehm- und Felsenboden uns im Geist fast nach Westfalen versetzte. Endlich umgab uns wildes Urwalddickicht und steiles Gebirgsland.

Leider brach, als wir auf der Endstation den Zug verließen, ein von Blitz und Donner begleiteter Wolkenbruch los und nötigte uns, den Schutz eines niedlichen Gartenrestaurants aufzusuchen, wo eine deutsche Musikerfamilie auf der Harmonika, Gitarre und Geige konzertierte. Während der ganzen Zeit bis zu unserer Rückfahrt regnete es. Der Doktor verzichtete auf einen Spaziergang und vertrieb sich seinen Groll durch schalkhafte Grüße per Karte an seine Freunde, denen er schrieb, wie um ihn her im Urwald die Löwen brüllten, die Affen sich neckten und die Papageien auf den Asten sich schaukelten. Ich raffte mich trotz der Nässe zu einem kleinen Gang in den Urwald auf, dessen gewaltige Stille und majestätische Einsamkeit auf mich den denkbar tiefsten Eindruck machte. Nur einmal auf einem Fußpfad mitten zwischen den Schling- pflanzen, die an den Riesenbäumen emporranken, begegneten mir Menschen. Es war eine mich freundlich grüßende Negerfamilie, die am Sonntag in der Stadt gewesen war und nun zu ihrer friedlichen Hütte heimkehrte. War es auch kalt und regnerisch, es war doch unvergeßlich schön dort in der heiligen Stille!

Die Wasserbassins von Cantareira liegen mitten im Wald, welcher das von den Bergen in denselben zusammengeströmte, klare, frische Wasser schwarz überschattet. Die mächtigen, in Stein gefaßten, rechteckigen Becken sind von sorgsam gepflegten Anlagen umgeben, deren Blumenbeete und Lusthäuser den Fremden aufs freundlichste anmuten. Von hier wird das köstliche Wasser in Röhren nach der Stadt geleitet. Es ist eine großartige, musterhafte Anlage. Nachdem ich alles hinlänglich beschaut, trank ich mit dem Doktor noch eine Tasse Kaffee und beobachtete dabei einen Mann, der die Gäste aufforderte, sich an seinem „Lotto" zu beteiligen und um Süßigkeiten zu spielen. Es war ein Lottospiel genau so, wie es uns in der Kindheit so oft erfreut und unterhalten hat.

Punkt 4 Uhr traten wir durchnäßt und frierend die Rückfahrt an. Sie wird uns immerdar in unangenehmer Erinnerung bleiben wegen der zahlreichen betrunkenen Landsleute in unserm Wagen, von denen einer, ein Bierfäßchen im Arm, während der Fahrt aus dem Coupé in eine Pfütze hinaus kollerte. Zu unsrer tiefen Beschämung merkten wir, wie sich die sonst keineswegs besonders tugendhaften, aber jedenfalls sehr nüchternen Brasilianer von dem rüden Gesang und dem wilden Gebaren der jungen Deutschen angeekelt fühlten.

Am Abend machte ich im „Kasino" die Bekanntschaft eines jüngeren, deutschen Amtsbruders, der, Brasilianer von Geburt, in Hamburg seine Schul- und auf deutschen Universitäten seine akademische Bildung genossen. Er war anfangs Prediger der deutschen, evangelischen Gemeinde seiner Vaterstadt St. Paulo gewesen, hatte sich aber bald ganz vom geistlichen Amt zurückgezogen, um seine Kraft ausschließlich einer kleinen von ihm in evangelischem Geist geleiteten Elementarschule zu widmen.

Das deutsche Schulwesen in Brasilien liegt sehr darnieder. Wo es aber leidliche, deutsche Schulen gibt, sind sie meistens konfessionslos. Die Jugend wächst ohne den religiösen und sittlichen Einfluß des Christentums auf und verliert daher auch vielfach je länger, je mehr die Charaktervorzüge, zu denen der evangelische Glaube das deutsche Volk emporgehoben hat. In Südbrasilien, wo die meisten Deutschen in blühenden Kolonien wohnen, wird dieser Gefahr ernstlich entgegen gearbeitet. Im Staate St. Paulo aber ist bisher noch so gut wie nichts gegen dieselbe geschehen, obgleich die Zahl der evangelischen Deutschen daselbst auf 50-60000 geschätzt wird. Um so verdienstvoller ist es, daß von den 4 im Staate überhaupt tätigen evangelischen, deutschen Geistlichen 3 mit Energie dem Schulfach obliegen, und daß in der Hauptstadt sich der erwähnte Herr demselben ausschließlich zugewandt hat.

Nachdem ich wochenlang, auf dem Gebiete meines Berufes wenigstens, direkte Anregungen fast nur aus meiner Lektüre hatte schöpfen können, erquickte es mich nicht wenig, im Verkehr und Gespräch mit dem freundlichen Kollegen einmal wieder etwas kirchliche Luft zu atmen. Am genannten Abend führte er mich in einen geräumigen Versammlungssaal, wo an den Katholiken St. Paulo's von einer Methodistenkirche Nordamerikas aus evangelische Mission getrieben wird. Die ernste Arbeit der eifrigen Methodisten geht mit um so besserem Erfolg weiter, da die römische Kirche Brasiliens durch und durch verrottet ist und keinen aufrichtigen und suchenden Menschen befriedigen kann. So war denn der Saal auch gefüllt mit andächtigen Schwarzen und Weißen, die das portugiesisch gepredigte Evangelium und der schöne Gesang anzog.

Auch die Presbyterianer Nordamerikas wirken sehr opferfreudig unter den Katholiken Brasiliens. In St. Paulo haben sie 2 evangelische, portugiesische Gemeinden gegründet, deren Geistliche mit Liebe und Feuer in

Kirche und Schule wirken. Die eine derselben hat der evangelischen, deutschen Gemeinde sowohl ihre Kirche zum sonntäglichen Gottesdienst, als auch einen Vorraum ihrer Kirche zum Schulunterricht in der Woche gratis zur Verfügung gestellt. Welch' eine beschämende, echt christliche Gastfreiheit und Selbstlosigkeit! Und dabei sind unsere deutschen Glaubens- genossen in St. Paulo zum Teil sehr wohlhabend. Warum tun sie nichts zur Unterstützung und Belebung des evangelischen Schulwesens? Es fehlt ihrem Herzen eben die edle Freiheit vom vergänglichen Mammon und der hohe, tiefe Sinn für die ewigen Ideale des Christentums.

Es ist auch nur eine Folge dieser materiellen und egoistischen Gesinnung, wenn bei vielen Deutschen in Brasilien ebenfalls die Pietät gegen das Vaterland und das Verständnis für unsere geordneten und geheiligten Verhältnisse daheim in Familie, Kirche, Schule und Staat geschwunden ist. Ist es doch ganz natürlich, daß die Selbstsucht über ein Gemeinwesen, das von den Einzelnen ideale Ansichten voraussetzt und Opfer verlangt, nur spotten kann und blind ist gegen den großen Segen, der aus dem Zusammenschluß gottesfürchtiger und dienstbereiter Volksgenossen liegt.

Mit großer Entrüstung und Empörung waren der Doktor und ich in St. Paulo gleich an jenem Sonntagabend Zeugen davon, wie Landsleute von uns im öffentlichen Lokal unseren Kaiser und das deutsche Reich nicht etwa sachlich kritisierten, sondern aus das dreisteste und schmutzigste schmähten.

Um so wohltuender berührte mich am folgenden Montag früh ein Besuch in der erwähnten kleinen Schule, wo etwa 60 Kinder beiderlei Geschlechts und des verschiedensten Alters in sauberster Kleidung und vortrefflicher Haltung beisammen saßen. Dem eifrigen Leiter dieser viel versprechenden und den besten Eindruck hinterlassenden Schule unterstehen ein Hilfslehrer und eine Hilfslehrerin. Leider hat das von edelster Begeisterung getragene Werk mit mancherlei finanziellen Schwierigkeiten zu kämpfen. Ich war so davon angetan, daß ich wünschte, ich hätte 1000 Mark für die Sache spenden können. Möchte doch dieselbe hier in der Heimat das Interesse begüterter Freunde des evangelischen Deutschtums finden! Nach einem kurzen Aufenthalt bei den fleißigen Kleinen machte ich einen Besuch bei dem im selben Hause wohnhaften brasilianischen, evangelischen Amtsbruder, der mich herzlich und brüderlich begrüßte, sowie bei einer früheren Konfirmandin aus meiner St. Michalisgemeinde, die bei einer deutschen Familie in St. Paulo diente und meine Grüße von ihren Eltern mit freudigstem Dank in Empfang nahm. Die reizende Villa ihrer Herrschaft, von einem Palmengarten umgeben, lag an der „Rua Aurora", einer langen, herrlichen Straße in einem der neueren Stadtteile, die St. Paulo umgeben und sich durch ihre schönen, stilvollen Bauten und sonnigen Gärten auszeichnen. Hier merkt man, daß der Kaffeehandel und der Plantagenbesitz Geld abwirft!

St. Paulo's Einwohnerzahl ist übrigens in 15 Jahren von 30,000 auf 100,000 gestiegen, steht also in einer raschen, aufblühenden Entwicklung.

Mit einem der auch in St. Paulo zahlreichen „Bonds" fuhr ich zurück in die Stadt, kaufte mir in der berühmten „Rua de 15. Novembro" einige Photographien, während ich auf die mir angewiesenen, sehr hübschen, in Arbeitskörbchen verwandelten Gürteltiere und als Püppchen verkleideten Riesenameisen, beides Spezialitäten von St. Paulo, des Preises wegen verzichten mußte. War es in der Frühe ebenso wie am Abend recht empfindlich kühl gewesen, so stieg gegen Mittag die Temperatur bedeutend. Die Zunge klebte am Gaumen. So war es uns ein Genuß, eine gemütliche, deutsche Schenke zu finden und hier uns ein Glas brasilianischen Bieres, einen sog. Chop, kredenzen zu lassen. Dann aber eilten wir in unser Hotel, unsre ziemlich teure Rechnung zu bezahlen, und an den Bahnhof, wo bereits der liebenswürdige Kollege zu meiner Verabschiedung erschienen war. Seine dringenden Anstrengungen, mich zu längerem Verbleib in St. Paulo zu nötigen, blieben vergeblich, denn bereits verspürte ich wieder ebenso wie der Doktor ein starkes Heimweh nach dem vaterstädtischen Boden der „Porto Alegre". Seine Bitte jedoch, ihm für die evangelische, deutsche Gemeinde von St. Paulo in Hamburg hübsche Altargeräte zu besorgen, habe ich mir gern gemerkt und auch längst prompt erfüllt. Nach einem kräftigen Händedruck brauste 3 Uhr 40 Minuten der Zug mit uns hinweg.

Die Rückfahrt nach Santos war keineswegs so schön wie die Auffahrt. Ein ungemütlicher Regen fiel vom Himmel, und dichter Nebel lagerte auf den Bergen und Schluchten. Von einem Ausblick keine Spur! Wir waren überglücklich, als wir gegen 06:30 Uhr wieder in Santos eintrafen und an Bord, wo man schon angefangen hatte, unsre Gegenwart zu vermissen, auf das herzlichste begrüßt wurden.

Der Obersteward wärmte uns einen reichlichen Rest vom Mittagessen auf, und in der „Messe" arrangierte man für uns einen Geselligkeitsabend, so harmlos fröhlich und so urbehaglich, daß wohl uns allen die heitern Stunden dieses herzlichen Zusammenseins unvergeßlich geworden sind, wenn auch eine schlimme Moskito-Nacht die Freuden bald in empfindliche Leiden verwandelte.

In unsrer Umgebung am Kai hatte sich manches geändert. Dicht hinter uns lag ein Hamburger Segelschiff mit dem originellen Namen „Manzu", während einige Schifflängen „vörto", wie ein Steuermann sich ausdrückte, die schmucke Hamburger Bark „Poncho" lag. Der Kapitän derselben, Herr Wienefeld, ein gemütlicher, alter Seemann, kam in Begleitung seines treuen, schwarzen Pudels zum Besuch bei uns an Bord und nahm mich hernach mit, mir sein Schiff zu zeigen. Auf dem Deck fraß eine muntere Hühnerschar frischen Salat, was sich sehr traulich ausnahm. Überhaupt war es auf der „Poncho" zwar einfach, aber überaus gemütlich. Der biedere Alte erzählte mir, daß er noch Kap Horn umsegeln und in Chile Salpeter laden wolle, also noch eine weite Reise vorhabe. Es war damals der 1. Juni. Die „Poncho" hat die große Fahrt glücklich zurückgelegt und den heimatlichen Hafen sicher erreicht. Als aber im Anfang dieses Jahres die Bark aufs neue hinaus gesegelt war, wurde sie auf der Nordsee in den fürchterlichen Februarstürmen von dem heimkehrenden Kosmosdampfer „Karnak", der selbst ein mächtiges Loch am Heck davontrug, gerannt und ist darauf ein Opfer der wütenden Winde und Wogen geworden. Die einzige Leiche, die man von der ganzen Besatzung gefunden, ist die bei Borkum angetriebene des alten Kapitän Wienefeld. Er hat also in seinem Element, von dem er damals behauptete sich nicht trennen zu können, seinen Tod gefunden; sein Grab aber ist ihm von den trauernden Seinen und seinen zahlreichen Freunden im vaterstädtischen Boden bereitet worden.

Die Abreise aus Santos war für den Mittwoch Nachmittag, den 2. Juni, festgesetzt, zuvor aber folgte ich noch der Einladung unseres Shipchandlers, Herrn W., eines geborenen Moorburgers, seiner Villa an der sog. Barre zu St. Vincent einen Besuch abzustatten. Herr W. ist nicht nur ein wohlhabender Mann, sondern auch eine allseitig beliebte und angesehene Persönlichkeit in Santos, der sein nie leer werdendes, geräumiges Geschäft in der Stadt am Kai hat. Von hier aus gab er mir, da er selbst die Hände voll zu tun hatte, einen jungen Mann, gleichfalls Moorburger, mit, der die Führung übernahm.

Mitten in der Stadt bestiegen wir eine kleine Dampfbahn mit einem einzigen, großen, offenen Waggon. Aus schmalem Geleise eilte dieselbe mit uns durch das Sumpfland über Brücken und Flüsse dahin. Unterwegs sahen wir das große, mitten im Sumpf gelegene städtische Schlachthaus, wo Tausende von Geiern die Abfälle verschlangen. Nach 25 Minuten hielt der Zug auf feuchtem Weideland bei dem reizenden Villenort St. Vincent.

Mehrere entzückende Gartenhäuser liegen hier dicht am schneeweißen Strande des atlantischen Ozeans, dessen Wellen in hoher Brandung emporschäumten. Dem Strande in einiger Entfernung vorgelagert sind zwei urwaldbedeckte Felseninselchen, die steil aus dem Meer emporragen, während sich im Hintergrunde der Ortschaft am Saume der Sümpfe das romantische Küstengebirge erhebt. Hält man dazu die ringsumher wuchernde, schöne Tropenvegetation und den großartigen Farbenkontrast von Wald, Gebirge, Himmel, Meer, Strand und Wiesenland, so muß man zugeben, daß hier wieder ein Meisterwerk des großen Schöpfers vorliegt, in dem die wundervollsten Reize der Natur vereint sind.

Frau W., eine freundliche Französin, hatte uns schon erwartet und empfing uns sehr gastfreundlich. Nachdem wir uns an edlem Portwein erquickt und das sonnige Haus und den Garten besichtigt hatten, ließ sie einen Wagen für uns anspannen, der uns einen herrlichen Weg hart am Strande entlang der Stadt zu fuhr. Der Kutscher war ein vielgereister Mann, der uns in seiner drolligen Leipziger Mundart die Gegend erklärte und aus seinem bewegten Leben erzählte. Die halbe Stunde der Fahrt war im Fluge dahin.

Dann sprangen wir auf eine Mauleselbahn, die uns wieder in den Sumpf und an einigen grasenden Mauleselherden und vielen Pfahlbauten vorbei nach Santos zurück beförderte.

Hier verabschiedete ich mich von Herrn W., der mir noch einen Sack Kaffee (120 Pfund für 60 Mark) verkaufte und eine kleine, lebende Schlange schenkte. Einen zweiten Sack feinster Qualität schenkte mir der gütige Inhaber der Agentur.

So nahmen die Tage von Santos für mich ein hoch befriedigendes Ende. Trotzdem empfand ich, als um 3 Uhr die Anker gelichtet wurden, und der Kapitän auf seine Frage: „Achter allens klor?" die Antwort „Jawohl" erhielt, ein Gefühl heller Freude. Telegraphierte doch in diesem Augenblick die Agentur nach Hamburg: „Porto Alegre von Santos nach Europa abgegangen!" Es ging heimwärts. Unser Schiff schien sich auch zu freuen und brach in der fröhlichen Eile des Aufbruches vom Kai mit seinem Vordersteven einem englischen Segler sein Heck entzwei. Auf der Reede passierten wir den am selben Tage aufgekommenen Dampfer „Paraguassu" der „H.-S.-D.-G.". Frohes Tücherschwenken war die gegenseitige Begrüßung. Dann steuerten wir hinaus aufs belebende Meer.

9. Von Santos nach Bahia.
(2. bis 8. Juni 1897.)

Die Rückreise brachte uns zunächst auf 2 ½ Tage wieder nach Rio de Janeiro, wo ebenso wie in Santos große Mengen Kaffee geladen wurden, nur daß die Arbeit, die in Santos ganz geräuschlos von Negern getan war, in Rio unter dem betäubenden Lärm der Dampfwinden beschafft wurde. Auch wurden einige Leichterladungen Rinderfelle eingenommen. Dieselben wurden in einem besonderen Raum von barfüßigen Negern ausgebreitet, mit Seesalz bestreut, mit Wasser übergossen und dann niedergestampft, damit sie auf der weiten, heißen Fahrt wohl konserviert bleiben sollten. Wenn diese Salzfelle dann in Hamburg gelöscht werden, so sind sie nur noch eben feucht, verbreiten dann aber jenen häßlichen Geruch, den jeder Besucher des Hafens kennt. Die Arbeit, die den Schauerleuten diese Felle machen, ist die denkbar anstrengendste und schwerste. Überhaupt, wie viel Mühe so eine Rinderhaut aus den Pampas Südamerikas bis zu ihrem Wege in einen Hamburger Schuhbazar den Menschen verursacht, bedenkt wohl keiner, wenn er sich für einige Mark ein Paar neue, blanke Stiefel kauft. In Rio schifften sich gegen 200 portugiesische Zwischendecker ein, die sich bei der Kaffeernte in Brasilien ein gut Stück Geld verdient hatten und nun mit Weib und Kind wieder heimkehren wollten. Die Leute waren über alle Begriffe schmutzig und unappetitlich, einige starrten von Ungeziefer, und das Zwischendeck glich oft, namentlich nach den auf der Luke eingenommenen

Mahlzeiten, tatsächlich dem Stalle gewisser Tiere. Trotzdem habe ich oft und gern von der Brücke aus dem Treiben der fröhlichen Gesellschaft zugeschaut und nie leugnen können, daß das Bild dieser bunt bekleideten, lärmenden Schar, in der Greise und Säuglinge, Gesunde und Kranke vertreten waren, äußerst malerisch war. Nach dem Essen, das aus mächtigen Kesseln und Schüsseln oft mit Hülfe der gierig zugreifenden Hände eingenommen wurde, kreisten von Mund zu Mund große Humpen mit verdünntem Rotwein. Während sodann einige ihre schmutzigen Karten hervorzogen und spielten, sangen andere mehrstimmig ihre portugiesischen Lieder zur Gitarre und tanzten wohl auch dazu; wieder andere holten ihre Papageien hervor, deren gewiß über 100 an Bord waren, fütterten sie und scherzten mit ihnen.

Als wir uns am Nachmittag des 5. Juni zum Aufbruch von Rio rüsteten, herrschte vorn auf dem Schiff die größte Unruhe; es gab ein Fragen und Weinen, ein Suchen und Packen der aufgeregten Leute, daß mich ein tiefes Mitleid mit ihnen ergriff. Aber bald gewöhnten sie sich an das neue Leben an Bord.

10. Bahia.

(8. bis 10. Juni 1897.)

Um 6 Uhr in der stillen Morgenfrühe begab ich mich an Deck. Es regnete anfangs, klarte aber bald wieder auf, sodaß die weite, nur wenig ins Land einschneidende Bay „de Todos os Santos" (Allerheiligenbay), an welcher die Stadt Bahia oder San Salvador liegt, im hellen Sonnenschein mit den vielen ankernden Schiffen ein höchst freundliches. Panorama darbot. Mit ihren hohen Häusern und 143 Kirchen streckt sich, in frisches Palmengrün gekleidet und in eine obere und eine untere Hälfte geteilt, die Stadt in amphitheatralischem Aufbau über einen langen, gebirgigen ca. 200 Fuß hohen Küstenstreifen hin und gewährt dem erstaunten Auge einen sehr imposanten Anblick. Es begreift sich, daß man Bahia lange Zeit die Hauptstadt Brasiliens hat sein lassen, und daß es noch heute der Sitz des Erzbischofs ist. Der Stadt gegenüber dehnt sich die lange fruchtbare Insel Itaparica aus, die für Bahia etwa das ist, was die Vierlande für Hamburg sind. In der Nähe Bahias mündet der Paraguassu, ein breiter dem Rhein vergleichbarer, schiffbarer Strom, dessen Ufer hochromantisch sein sollen. Ein kleiner Räderdampfer fuhr an uns vorüber in den Fluß hinein.

Gegen 7 Uhr erschien die „Visite". Ein sehr korpulenter Arzt durchflog die Berichte unseres Doktors und pflegte sich dann am Kaffeetisch.

Da er erzählte, daß in der Stadt viel gelbes Fieber herrsche, so wurde den Zwischendeckern und Mannschaften verboten, an Land zu gehen. Auch ich blieb am ersten Tage von einer Tour der Passagiere nach der Stadt zurück, weil ich gar keine Unternehmungslust in mir verspürte. Gab es doch auch vom Schiff aus genug zu sehen.

Ein junger, mir aus Hamburg wohlbekannter Herr von der Agentur brachte mir einen Packen Zeitungsausschnitte und 16 Briefe aus der Heimat, seit Lissabon die erste Post, die mich erreichte, und auf die ich mit fieberhafter Ungeduld mich schon tagelang gefreut hatte. Ich wußte vor innerer Erregung kaum, wo ich anfangen sollte zu lesen. Vom 4. Mai bis 8. Juni war ich aber auch völlig von Europa aus ohne irgendwelche Kunde geblieben. Gottlob, zu Hause war alles wohl. Von meinem Söhnchen bekam ich ein allerliebstes Bild, von allen lieben Verwandten und Freunden die besten Nachrichten und innigsten Grüße. Wie bewegte mich die warme Teilnahme, mit der so viele mich auf meiner Ozeanfahrt geleiteten! Das waren frohe Stunden, durch die meine Freude auf die Heimkehr noch merklich verstärkt wurde. Aber dadurch wurde mein Interesse an den Vorgängen um mich her keineswegs abgeschwächt.

Unten längsseits der „Porto Alegre" lagen bis zu unserer Abfahrt wieder unzählige Boote mit allerlei Waren, die mit wahrem Zetergeschrei angepriesen wurden. Einige derselben waren mit Bananen und den mächtigen, süßen Bahiaapfelsinen beladen, andere mit riesigen getrockneten Seesternen, die zum Teil bereits zu hübschen Vasen verarbeitet waren, wieder andere mit possierlichen kleinen Äffchen, die nur so groß wie eine Maus und sehr niedlich waren. Die meisten der Händler aber boten in großer Zahl jene grünen Amazonenpapageien feil, die am Schnabel blau und gelb, an den Flügeln rot gefleckt und so sehr zutraulich und gelehrig sind. Für 7 bis 9 Mark konnte man sehr schöne Vögel kaufen. Ich erstand mir zwei, die ich glücklich mit nach Haus bekommen habe. Auch offerierte man mir eine mehrere Meter lange „Boa constricta", eine jener gewaltigen, ungiftigen Schlangen, die in den Hütten der Neger von Itaparica wie Haustiere gehalten werden und dem Ratten- und Mäusefang obliegen sollen. Natürlich kaufte ich sie nicht. Ebenso unterhaltend wie dieser zoologische Handel im Hafen von Bahia war das Treiben der Neger, deren mehrere Dutzend sich damit beschäftigten, einige Leichterladungen Steinkohlen an Bord zu befördern, indem sie sich in langen Reihen aufstellten und ganz kleine Körbchen, die im besten Falle 5 Pfund Kohlen faßten, von Hand zu Hand gehen ließen. Daß auf diese Weise, zumal da die Schwarzen eine ziemliche Faulheit an den Tag legten, das Kohlenladen etwa 10–20mal so viel Zeit erforderte, als unsere energischen Hamburger Schauerleute dazu gebraucht hätten, liegt auf der Hand. Ebenso klar ist, daß die absonderliche Methode der Kohlenarbeiter von Bahia bei dem herrschenden Seewind einen ganz kolossalen Schmutz erzeugte, gegen den das Hinterheck und die Salons nur durch aufgespanntes Segeltuch und durch „dichtgemachte" Thüren geschützt werden konnten. Als die Kohlen nach fast zweitägiger Arbeit übergenommen waren, wurden unzählige Ballen Tabak für Bremen und schließlich noch eine Masse Cacaobohnen verladen.

Wie freuten wir uns, wenn nach Feierabend das Gerassel der Ketten, bei dem man ganz nervös wurde, endlich aufhörte, und die abendliche Stille auf der herrlichen Bay ihren Frieden auch in unsre Herzen goß!

Am ersten Abend lagen mehrere Leichter um uns her, die von einigen Negern bewacht wurden. Vielen Spaß machte mir die kindliche Heiterkeit dieser Leute, die über ganz geringfügige Scherze so unabhängig lachen mußten, daß sie einfach nicht mehr stehen oder sitzen konnten, sondern sich minutenlang auf dem Holzboden wälzten und aus vollem Halse dabei jauchzten. Einige von ihnen angelten und fingen mehrere kleine Seeschlangen, andere, denen ich meine schmutzige Papierwäsche geschenkt hatte, banden sich dieselbe um den Hals und veranstalteten, fast nur mit weißem Kragen, weißem Vorhemd und Manschetten bekleidet, auf ihrem Leichter einen Freudentanz mit ausgefallenen Pantominen. Am folgenden Tage nach dem lunch fuhr ich mit dem Verwalter in einem Segelboot, das ein Neger bediente, an Land. Die Fahrt in heißer Sonnenglut dauerte etwa 20 Minuten und endigte an einer steinernen Treppe die zu den „Vorsetzen" von Bahia emporführte.

Das Innere der untern Stadt, der eigentlichen Geschäftsstadt, besteht aus einer Reihe ebenso enger wie schmutziger und trostlos gepflasteter Straßen, wo es von Negern, besonders von unglaublich dicken Negerweibern wimmelte. Die Negerinnen waren vielfach mit einem bunten Kopfputz, einem tiefausgeschnittenen, weißen Spitzenhemd und einem farbigen Faltenrock bekleidet; um den Hals und die Handgelenke aber hatten sie mehr oder weniger kostbare Schmucksachen von bunten Glasperlenschnüren an bis zu schweren goldenen Spangen und Ketten.

Unter den ca. 150,000 Einwohnern Bahias gehören ca. 4/5 dem Stamme der Minasneger an, deren Haut kohlschwarz und deren Körper schön und stattlich ist, deren Herz aber auch treu wie Gold sein soll.

Höchst originell war das Treiben auf dem Markt, wo die Männer unglaubliche Lasten auf dem Kopf umhertrugen, während von den Frauen manche ihr Baby in fester Umwickelung auf dem Rücken schleppten, wo unter grünen Bäumen köstliche Früchte und Gemüse, Krabben und Fische, Affen und Papageien, wundervolle stahlblaue und bunte, riesige Ara's, auch edle Bergkrystalle und sehr schöne, hellbläuliche Amethyststeine verkauft wurde.

Vom Markt gingen wir zum Shipchandler, dessen Lokal zugleich Krämerladen, Restaurant, Gemüse- und Geflügelgeschäft ist. Auf dem Boden lagen viele jappende Truthähne, die man überhaupt in Brasilien sehr viel sieht; an den Tischen saßen viele Kauf- und Seeleute und tranken Münchner Bier. Hier hatte man so recht den Eindruck, sich in einer kleinen Goldgrube zu befinden. Der Verwalter bestellte seinen Proviant, und ich kaufte mir einige Blechdosen mit der beliebten Guyava-Marmelade. Der freundliche Wirt aber schenkte mir 3 an einem Zweige gewachsene kindskopfgroße Apfelsinen. Dann kauften wir uns im Laden der berühmten Dannemannschen Cigarrenfabrik zu St. Felix etliche Kisten Handcigarren, Cigarillos und Maiscigaretten, um die noch übrige Zeit schließlich zu einer kurzen Besichtigung der oberen Stadt, der sogenannten Victoria, zu verwenden, die sich auf einem weiten Hochplateau ausdehnt und einen entzückend schönen Ausblick über die Allerheiligenbay mit den grünen Gestaden und der Insel Itaparica gewährt. Die Straßen und freien Plätze oben sind viel ansprechender als diejenigen unten und von wohlgepflegten Baumpflanzungen beschattet. Auf einer weiten, herrlichen Plattform grünten blühende Myrthen und Orangen.

Auffällig berührte mich in Bahia die Fülle von Kirchen und Klöstern, deren Bauart übrigens nichts Anziehendes aufweist. Alles ist im einfachsten Jesuitenstil durchgeführt.

Sehr eigenartig ist die Verbindung zwischen den beiden Stadthälften. Dieselbe wird teils auf einer halbverfallenen, steilen Kurvenstraße, die aber der grellen Sonnenglut ausgesetzt ist, teils aber auf künstlichen Wegen bewerkstelligt, nämlich durch eine im Winkel von 45° steigende, kleine Zahnradbahn und einen 10 Minuten davon entfernten, mächtigen Fahrstuhl, Parafuso genannt, der in wenigen Sekunden mittelst hydraulischen Druckes die Passagiere senkrecht hinauf und hinabbefördert. In der Negerstadt Bahia solche Meisterstücke moderner Technik zu finden, die so unsere volle Bewunderung erregten, hatten wir wirklich nicht erwartet.

Gern hätten wir noch auf einer Mauleselbahn die vielgerühmte Fahrt nach dem auf hohem Küstenkamm gelegenen, vom frischen Seewind stets angenehm umrauschten Palmen- und Villenvorort Rio Vermeillo unternommen, die mitten durch die schönste Tropenpracht des dichten Urwalds hindurchführt; aber leider fehlte die Zeit. Wir durften unsern schwarzen Schiffer nicht länger warten lassen, dessen Boot bei unserer Rückkehr bereits bis an den Rand mit Lebensmitteln aller Art gefüllt war. Ich konnte nur noch ein ganz bescheidenes Plätzchen zwischen den eingekauften Enten und Hühnern für mich erwischen und saß auf einem Korb voller Bananen und Trauben.

Am Tage unserer Abfahrt kam von Europa die stolze Cordoba der „H.-S.-D.-G." mit ihrem tiefen Brummton in den Hafen gedampft und legte sich in unserer Nähe vor Anker. Wir freuten uns sehr, durch sie aus Hamburg Grüße und Nachrichten zu bekommen. Die „Porto Alegre" setzte sich abends 19:30 Uhr, als die Bay bereits in nächtlichem Dunkel dalag, in Bewegung und sandte den Herren der Agentur, die am Ausgang aus der Bay, in Rio Vermeillo, uns zu Ehren ein Feuerwerk abbrannten, zum Dank einen Abschiedsgruß in Gestalt ihres Leuchtkugelsignals hinüber.

Von der Brücke aus behielt ich die lichterreiche Stadt noch lange im Auge. Als ich den letzten Schein verschwinden sah, kam es unwillkürlich über meine Lippen: „Gehab' dich wohl Amerika, du Land voller Reize der Natur, du Welt voller Wunder des all- mächtigen Schöpfers! Wie freue ich mich von deiner Herrlichkeit so manche unvergeßliche Eindrücke mitnehmen zu können in die teure Heimat!"

11. Eine Bestattung auf hoher See.
(13. Juni 1897.)

Es war am Trinitatissonntage, den 13. Juni; ich saß am Nachmittage auf dem Hinterdeck unsers Dampfers unter dem Sonnensegel und war in die Lektüre eines ernsten englischen Romans vertieft, als mich plötzlich ein Matrose bat, doch rasch den Schiffsarzt nach vorn zu rufen, wo einer der portugiesischen Zwischendeckspassagiere im Sterben liege.

Kurz darauf kniete ich mit dem Doktor vor der großen Lake des Vorderschiffs, auf der, von rauchenden Männern, schwatzenden Weibern und schmutzigen Kindern neugierig umdrängt, der Sterbende sich wand und nach Atem rang. Eben war er aus der dumpfen Hospitalkammer von seinem Lager hinausgeschafft worden, um ein wenig frische Luft zu schöpfen, da versagte plötzlich die vor einigen Tagen schwer erkrankte Lunge, und fern von Weib und Kind, mitten auf dem atlantischen Ozean, ohne daß ihm jemand ein Wort der Liebe und des Trostes zurief, hauchte er sein Leben aus. Deutsch verstand er nicht, und seine portugiesischen Landsleute waren trotz ihrer Rosenkränze und Amulette viel zu roh, um ihn aufzurichten und zu trösten. Ich konnte nur versuchen, mit meiner Hand und mit meinem Auge zu seinem Herzen zu reden, und weiß nicht, ob er diese Sprache verstanden hat. In wenigen Minuten standen wir an der Leiche des Bedauernswerten, der, nach jahrelanger Arbeit in Brasilien erkrankt, hatte heimkehren wollen zu seinen Lieben und nun unterwegs fremd und verlassen auf fernem Meer in der Blüte seiner Mannesjahre so jäh dahingerafft war.

Wie tief war ich ergriffen von dem fürchterlichen Ernst dieses Sterbelagers, aber auch wie empört über die von mir an demselben wahrgenommene Mitleids- und Gefühllosigkeit, deren ich bis dahin ein menschliches Gemüt nicht für fähig gehalten! Aus meiner Seele aber drängte sich unwillkürlich das Gebet empor, daß Gottes Gnade mir ein anderes Ende bescheren und vor allem mir's nicht wolle fehlen lassen am lebendigen Trost seines Worts, am erquickenden Gebet des Glaubens und an der liebevollen Gegenwart derer, die im Leben meinem Herzen am nächsten gestanden.

Unser Schiff sollte in der folgenden Nacht den Äquator passieren. Schon hatte man sich an Bord wieder auf die übermütigen Scherze gefreut, mit denen sich die Seeleute beim Passieren der „Linie" vergnügen wollten. Infolge des Todesfalles mußte das alles nun natürlich unterbleiben. Vielmehr wurde auf 19:45 Uhr abends die Bestattung des am Nachmittage gestorbenen Portugiesen festgesetzt. Der großen Hitze wegen hätte ein längeres Verbleiben des entseelten Körpers an Bord gesundheitsgefährlich für uns werden können.

Wie immer in den Tropen war es schon früh dunkel geworden, und ein kühler Abend breitete sich über dem mäßig bewegten Ozean aus. Vom tiefblauen Himmel warf der leuchtende Mond sein südlich klares, helles Licht herab auf die dunklen Wellen, und hinter den eilenden, weißen Wolkenschäfchen blitzten die strahlenden Sterne in reichster Fülle hervor. Der Orkan, der große Bär, das südliche Kreuz und alle die großen Sternbilder prangten über uns in ihrem schönsten Glanz. Hinten auf dem sogenannten Promenadendeck genossen die Passagiere nach dem glühend heißen Tage die belebende Frische. Von einem stillen Plätzchen aus ließ ich meine Blicke nach vorn über das Schiff schweifen, das sich in ziemlich regelmäßiger Bewegung senkte und hob. Jedesmal, wenn es mit seinem Bug vorn ins Meer tauchte, spritzte der weiße Gischt hochaufbrausend zur Seite, und erst in der Ferne verlor sich der silberne Schaum im Dunkel der schwarzen Flut. Gespensterhaft flatterte im Winde zwischen dem mächtigen rauchgeschwärzten Schornstein und dem hohen Großmast das Ventilationssegel, das einem Riesen mit ausgebreiten Armen gleicht und den Maschinisten, Heizern und Trimmern die kühlende Zugluft des Windes zuführt. In den Tauen und Raaen über mir sang und pfiff eine frische Brise. Auf den blanken Kupferrändern der großen Ventilrohre in der Mitte des Schiffs glitzerte das silberne Mondlicht. Kurz, es war einer jener köstlichen Abende, die man auf dem Weltmeer so oft hat und immer wieder neu genießt. Diesmal aber wollte mich alles was ich sah, wehmütig und traurig stimmen, denn ich mußte immer an den Toten denken, der nach seinem trostlosen Ende an diesem Abend über Bord gesetzt werden sollte.

Ich konnte es mir nicht versagen, als stiller Zuschauer der eigenartigen Feier beizuwohnen, und suchte mir neben einem Rettungsboot unter der Kommandobrücke eine Ecke aus, die hoch genug lag, um von ihr aus das ganze Vorderdeck zu überschauen. Das sonst so bunte und laute Treiben aus demselben verstummte. Die großen Ladepforten in der eisernen Verschanzung an der Backbordseite wurden aufgemacht und zwei Bootsleute stellten sich an beiden Seiten der Öffnung auf. Die zahlreichen portugiesischen Zwischendecker versammelten sich rings umher und vorn auf der Luke und wurden ganz ernst und feierlich. Jetzt standen auch sie unter dem Eindruck der Majestät des Todes. Durch eine in den Tauen befestigte kleine elektrische Lampe war der große Platz vor der offenen Pforte hell beleuchtet. Da wurde, in schlichtes Segeltuch eingenäht und mit einer portugiesischen Flagge zugedeckt, die Leiche langsam herbeigetragen und auf ein langes, schräges, mit Seife bestrichenes Brett gelegt, auf welchem sie einige Matrosen festhielten. In demselben Augenblick erschien in dunkler Uniform der Kapitän und befahl, zu stoppen. Die Maschine hörte auf zu arbeiten, und leise glitt das Schiff jetzt durch die Wellen. So konnte man deutlich verstehen, was der Kapitän sprach. Er verlas aus dem trefflichen, kleinen „Andachtsbuch für Seeleute" von Senior Rehhoff einige Sprüche der heiligen Schrift und ein Gebet. Alle Anwesenden hörten sichtlich bewegt zu und beteten das Vaterunser entblößten Hauptes leise mit. Schweigend gab der erste Steuermann beim „Amen" seinen Matrosen einen Wink, und pfeilschnell schoß auf dem glatten Brett der mit Eisen beschwerte Leichnam über Bord ins Meer hinab. Ein lautes Geplätscher drang an unser Ohr, – dann schloß der Ozean sich wieder über dem so schnell und so schlicht Bestatteten, dessen Gebeine nun dort unten, wo Tiere nicht mehr leben sollen, ruhen, bis am Tage der Auferstehung des Herren Ruf auch in die Tiefe dringen, und auch das Meer seine Toten wird hergeben müssen. (Offenb. 20, 13.)

Die nach Seemannsbrauch vollzogene kurze, einfache, aber ernste und ergreifende Bestattungsfeier war beendet. Der Kapitän ließ wieder Volldampf geben, die Pforten wurden geschlossen, und das Schiff eilte weiter in die Nacht hinaus. Gleich darauf läutete die Schiffsglocke 8 Uhr, und der Wachthabende sang vorschriftsgemäß sein monotones: „Alles wohl!" über das dunkle Schiff hin.

Freilich war jetzt „alles wohl", aber manches Auge war feucht, und manches Herz war weich geworden im Gedanken an die ahnungslose Familie, die den heimkehrenden Vater in Lissabon erwartete, und angesichts dieser erschütternden Leichenfeier. Wohl jeder dachte bei sich: Gott tröste, stärke und segne die Witwe und die Waisen und schenke uns allen einst ein Grab in heimischer Erde, das die Liebe besuchen und schmücken kann. Ist's für den Glauben auch gleich, wo der Leib im Tode ruht, – Jesus wird alle Toten zu finden wissen, – so entspricht doch unserm natürlichen Gefühl und unserm religiösen Empfinden, das an Gottes Wort und an dem Vorgang unsers Herrn Jesu selbst erzogen ist, keine Form der Bestattung besser, als die des christlichen Begräbnisses. Die soll bei uns darum auch wert geachtet und in Ehren gehalten bleiben.

12. Von Bahia über Bremen nach Hamburg.
(10. bis 29. Juni 1897.)

Von Bahia bis Teneriffa waren wir genau 10 Tage ohne eine weitere Unterbrechung in voller Fahrt. Bis wir in den S.-O.-Passatwind hineinkamen, war die Reise nicht sonderlich gemütlich. Wegen der Spritzwellen mußten die Bullenaugen „dichtgemacht" werden, wodurch im Speisesalon und in den Kammern eine schier erdrückende Hitze erzeugt wurde, sodaß ich mehrere Male nicht mit zu Tische ging, sondern an Deck verblieb. Infolge des erheblichen Stampfens der „Porto Alegre" war ich auch nicht immer ganz wohl und mußte öfters meine Zuflucht zu einem „Cocktail" nehmen, einem sehr nahrhaften und anregenden, englischen Schiffsgetränk, das ich jedem als vortreffliches Mittel gegen Unbehagen auf See nur empfehlen kann.

Mehr aber noch als Temperatur und Bewegung mag an allem Unbehagen der Umstand schuld gewesen sein, daß wir einige brasilianische Reisegefährten unter uns hatten, die in jeder Weise den deutschen Nerven Anstoß boten. Nicht nur, daß die Herren mit ihrem unablässigen Cigarrettenrauchen und die Damen mit dem starken Moschusgeruch widerlicher Parfüms die ganze Luft in ihrer Nähe infizierten, sie hatten auch sonst noch Ungeniertheiten und Eigenarten an sich, die keineswegs angenehm waren. Außerdem waren mehrere schreiende und nicht sehr artige Kinder an Bord, und auch unter den erwachsenen Passagieren fehlte es nicht an einigen recht unsympathischen Persönlichkeiten. Das alles trug dazu bei, daß die 3 Wochen der Heimfahrt längst nicht so herrlich waren wie die übrige Reise.

Immerhin waren sie doch schön und haben mir auch viele sehr erquickliche Stunden und Tage gewährt. Als wir erst aus den brasilianischen Gewässern heraus waren, hatten wir auch immer ganz ausgezeichnetes Wetter. Selbst der Passatwind, der sonst öfters die rückkehrenden Schiffe etwas unsanft zu schütteln liebt, war ganz lau und sanft. Die Luft aber war immer so rein und belebend, daß es eine Lust war, sie einzuatmen.

Ihre stärkende Kraft spürte ich zu meiner Freude sehr deutlich; hatte mein Husten auf der Ausreise noch einige Wochen angedauert, in Brasilien verlor er sich, und auf der Rückreise bekam ich zunehmend das sichere Gefühl, wieder vollständig gesundet und geheilt zu sein. Ich habe sogar recht häufig unterwegs gesungen, wie ich seit Jahren nicht mehr getan. Es hatte einen eigenen Reiz für mich, mitten auf dem Ozean meine Schubert'schen Lieblingslieder zu singen, zumal da ein mir sehr lieber Reisegefährte aus Manchester die oft recht schwierige Begleitung aus dem allerdings etwas verstimmten Klavier ganz vorzüglich und immer bereitwillig spielte.

Natürlich sah mich auch jetzt wieder jeder Tag mehrere Male auf der Brücke. Einige Male begegneten uns, besonders in der Äquatorgegend, Schiffe so nahe, daß ganz bequem nach Seemannsweise mit ihnen ein Gruß- und Gedankenaustausch stattfinden konnte. Wo wir tagelang überhaupt nichts in Sicht bekamen, was an

Land oder an Menschen erinnert hätte, war uns solche Abwechslung stets sehr erwünscht.

In geradezu großartiger Weise ist durch internationale Vereinbarungen dafür gesorgt, daß auf hoher See alle Fahrzeuge sich erkennen und über jeden nur möglichen Fall verständigen können. Jedes Schiff hat außer den National-, Kontor-, Lotsen- und Zollflaggen und außer einer roth und weißgestreiften Flagge, die soviel besagt wie: „Ich habe Ihre Frage, bezw. Ihre Antwort oder Meldung verstanden," achtzehn verschiedenfarbige und verschiedengestaltige kleine Signalflaggen an Bord, die je nach Bedarf mit großer Gewandheit aufgehißt werden. Jede dieser Flaggen bedeutet zunächst nur einen Konsonanten. Je nachdem man nun aber 2, 3 oder 4 Konsonanten zusammenstellt, ergeben sich 78,024 verschiedene Kombinationen, für deren jede ein ganz bestimmtes Signal oder Telegramm vereinbart ist. Eingehend orientieren hierüber gedruckte Verzeichnisse, in denen einerseits mit Angabe der betreffenden Konsonanten alle Namen, Fragen und Antworten, die man selbst signalisieren will, alphabetisch und sehr übersichtlich geordnet, anderseits aber auch alle jene Konsonantensignale, die man von andern empfängt, in alphabetischer Reihenfolge mit ihrer Übersetzung angegeben sind.

Am 16. Juni passierten wir einen mit Holz beladenen Dreimastschoner. Zuerst wurde durch die Nationalflaggen am Heck die beiderseitige Heimat festgestellt. Er hißte die englische Flagge, sodann aber zur Bekundung seines Namens 4 kleine Flaggen am Fockmast, welche das Telegramm L. F. D. N. enthielten. Ich selbst schlug im Namenregister nach und fand bei L. F. D. N. den Namen: Grenada-Windsor, Nordamerika. Wir telegraphierten: „Verstanden." Hierauf meldete der Schoner: „An Bord alles wohl," und als wir anfragten, ob er eine Meldung in Lissabon wünsche, lehnte er mit den Worten: „Danke, sehr verbunden," unser Anerbieten ab. Das kleine Intermezzo bereitete uns viel Vergnügen, erinnerte uns aber auch daran, wie unendlich wichtige Dienste dies Signalsystem unter Umständen, z. B. im Krieg oder bei Notfällen den Seefahrern leisten, und wie es vielen Unannehmlichkeiten und Zeitverlusten vorbeugen kann. –

Da mir's aus den angedeuteten Gründen hinten in den Kajütsräumen während der Heimreise nicht immer sonderlich gefiel, und ich nur mit einigen wenigen Passagieren gern verkehrte, so kam es ganz von selbst, daß ich öfters mit den Offizieren und Maschinisten zusammen war, sei es zu einem Plauderstündchen auf dem Verdeck, sei es zu einem Gespräch in den Kammern oder in der Messe. Im Kreise dieser Herren fühlte ich mich stets von größter Freundlichkeit und Liebenswürdigkeit umgeben und hatte zugleich Gelegenheit, den Seeleuten ein klein wenig in die Seele zu schauen. Gewiß ist mir manches nicht entgangen, was meinem Empfinden und Denken zuwiderlief, aber wie sehr zog mich demgegenüber immer aufs neue so vieles im Wesen des Seemannes an! Die kindliche Fröhlichkeit dieser Leute und ihre oft zu schrankenloser Freigiebigkeit sich steigernde Gefälligkeit und Dienstfertigkeit, – die biedere und offene Treuherzigkeit, der es so schwer wird, andern Menschen zu mißtrauen, – der kameradschaftliche Sinn, der alle verbindet und noch nicht angekränkelt ist von den sozialen Gegensätzen und dem Parteigeist unsrer Zeit, – die selbst bei den unkirchlichsten vorhandene Ehrfurcht und Achtung vor allem Heiligen, die bei sehr vielen unter dem Eindruck der Meeresnatur und der Todesgefahr zu ehrlicher Gottesfurcht und schlichter Frömmigkeit weiter entwickelt ist, – der weite Blick, die reichen Erfahrungen und Kenntnisse, – das alles und noch vieles andere findet sich „an Land", wenigstens in den großen Städten, selten so vereint, wie bei den Söhnen des Ozeans, unsern wackern Seeleuten. Das sollte mancher bedenken, ehe er über dieselben wegen ihrer gewiß unentschuldbaren Extravaganzen den Stab bricht, zu denen sie sich oft nach den langen Entbehrungen und Strapazen einer Reise in den Hafenplätzen hinreißen lassen.

Nachdem wir am 17. Juni an den Kap Verdischen Inseln Mayo und Bonavista vorübergedampft waren, bekamen wir am Sonntag, den 20. Juni die Kanarischen Inseln in Sicht. Es war rechtes Sonntagswetter, die Luft so klar und kühl, der Sonnenschein so freundlich und hell, daß es eine Lust war. Da auf unserm Schiff Sonntags, abgesehen vom Notwendigen, nie gearbeitet wurde, und jeder sein Festgewand anlegte, so herrschte auch bei allen sonntägliche Stimmung. Diese wurde am genannten Tage noch gesteigert durch die Freude auf einen genußreichen Abend, den wir in St. Cruz auf Teneriffa, wo Kohlen genommen werden sollten, erwarten durften.

Gegen 12 Uhr kam denn auch schon der berühmte „Pic" in Sicht. „Pico de Teydes" ist der richtige Name des merkwürdigen, fast 4000 m hohen Vulkans, dessen Fuß die 42 Quadratmeilen umfassende, oben schon erwähnte, liebliche Insel Teneriffa oder Tenerife ist. Je mehr wir uns im Laufe des Nachmittags dem anfangs mit bläulichem Dunste umschleierten Eiland näherten, desto heller erglänzte im Sonnenlicht das Gestein auf dem Gipfel des ragenden Bergriesen. Bald erkannten wir auch die wellenförmigen Schluchten und Hügel, die sich in halber Höhe um den „Pic" wie eine faltige Kappe herumziehen, bis schließlich das ganze Inselgebirge dicht vor uns lag, gekrönt mit vielen dunkel bewaldeten Hügeln und von mächtiger Brandung silberweiß eingefaßt. Welch' ein seltenes Bild, – mitten im blauen Ozean ein romantisches Hochgebirge, das an Höhe manche Alpengebirge übertrifft! An der östlichen Küste entdeckten wir in verschiedenen Höhen zahlreiche, saubere Ortschaften und Städtchen und auf dem Wasser viele von leisem Wind getriebene Segler.

Leider erreichten wir erst nach Sonnenuntergang gegen 19:30 Uhr den Hafen von St. Cruz an der Nordostecke der Insel. Im Dunkel tauchten ringsumher grell leuchtende Feuer auf, welche die stille See wie mit tanzenden Irrlichtern zauberhaft illuminierten. Hernach erfuhr ich, daß es Strohfeuer in den Booten von Fischern waren, die mit dem hellen Schein die Fische anzulocken pflegen. Daß auch anderswo diese Methode mit Erfolg geübt wird, las ich kürzlich in einem Buche.

Wir baten vor der Einfahrt in die Bucht von St. Cruz mit unserm bengalischen Feuer um einen Lotsen, worauf vom Hafen aus die Ankunft eines solchen in gleicher Weise signalisiert ward. Der Lotse kam aber nicht an Bord, sondern ließ sich an der Backbordseite in einer Jolle an einen ihm zugeworfenen Tau mitschleppen und gab von unten seine Kommando's zur Brücke hinauf.

Als wir auf der Reede draußen vor St. Cruz eben vor Anker lagen, stürmte eine Schaar spanischer Kohlenarbeiter mit solchem Ungestüm an Bord, daß man von den nach den bequemsten Arbeitsplätzen um die Wette eilenden Burschen fast umgerannt wurde. Man hätte glauben können, eine Horde Seeräuber wollte uns überfallen. Bald kam auch das Boot mit einem Herrn von der Agentur und dem Arzt. Ersterer brachte vielen willkommene Post aus Hamburg, – mir leider nichts, – während der letztere halbe Quarantaine über das Schiff verhängte, bei welcher den Kajütspassagieren erlaubt ist, an Land zu gehen. Wir hatten schon gefürchtet, daß es wegen des Todesfalls ganze Quarantaine geben würde. Um so größer war jetzt unsre Freude, nach zehntägiger Fahrt, den Fuß, wenn auch nur kurze Zeit, wieder auf festen Boden setzen zu dürfen.

In einem mächtigen Kahn ruderten uns für ein bescheidenes Fährgeld zwei kräftige Männer in weitem Bogen an den Kai der Stadt. Ruhig glitten wir an dem sternenklaren Abend über die dunkle See und hatten dabei einen schönen Blick auf unsre „Porto Alegre", die wie ein erleuchtetes Schloß stolz und majestätisch auf dem schwarzen Meere prangte.

An einer mit Seetang und Schmarotzern bewachsenen Steintreppe, in deren Nähe einige Ladungen Guano lagerten, schifften wir uns aus und gelangten in wenigen

Minuten zu einer breiten Promenade mit hellen Gaslaternen. An drei Seiten des rechteckigen Platzes stehen niedrige Häuserreihen mit Privatwohnungen, hübschen Hotels und interessanten Läden, in denen aus aller Herren Ländern wertvolle und originelle Spezialitäten verhältnismäßig billig zu kaufen sind.

Mitten auf der Straße spazierten unter den grünen Bäumen Hunderte von Menschen, schwarzäugige Spanierinnen ohne Hut und Mantel in reizender Toilette und junge Spanier in Uniform und Zivil. Nie sah ich so viele wirklich hübsche und vergnügte Gesichter auf einem Fleck. Manche Familien saßen auch auf Rohrstühlen an Teetischen auf öffentlicher Straße und freuten sich nach einem heißen Tage der abendlichen Kühle.

Von diesem lieblichen Platz aus begleitete ich unsern Verwalter in das Innere der kleinen Stadt, wo er Einkäufe machen wollte. Unterwegs begegneten uns mehrere mit Touristen besetzte und immer mit 3 Pferden bespannte niedliche Wagen. Vorm Theater saßen und standen viele Leute umher und lauschten gespannt auf den aus den offenen Fenstern herausdringenden Klang der Musik und des Gesanges.

Nicht weit davon befand sich die Markthalle, die erst von der Polizei geöffnet werden mußte. Einige aus dem Schlaf geweckte Marktweiber zündeten eine Laterne an und führten uns dann zu den verschiedenen Abteilungen der Halle, indem sie uns erlaubten, von allen Früchten nach Herzenslust zu probieren. Frische Feigen, Birnen, Trauben, Aprikosen lagen in verlockendster Fülle vor uns aufgespeichert. An den Wänden hingen zahllose

Vogelbauer mit grünen und gelben Kanarienvögeln, doch waren die Eigentümer derselben leider abwesend, sodaß ich mir keins der allerliebsten Tierchen erstehen konnte. Aber auch ohne das bereitete mir der nächtliche Handel in der dunkeln Halle viel Freude.

Nach demselben kaufte ich mir in der Stadt einige hübsche Stickereien, die auf Teneriffa ebenso fein gearbeitet sind wie auf Madeira, und einige vortreffliche Cigaretten von kanarischem Tabak, der dem Havanatabak an Güte gleichkommen soll. Natürlich kamen auch einige Bündel Bananen mit. Nur zu rasch war die Stunde in der freundlichen, internationalen Stadt, wo man mit jeder Sprache und mit jedem Geld zum Ziele kommt, dahingeflogen. Gegen 11 Uhr waren wir alle wieder an Bord.

Eine halbe Stunde später wurde bereits die Reise nach Lissabon fortgesetzt. Der Kapitän lud mich zu einer Tasse Kasse auf der Brücke ein, von wo aus ich mit ihm den um Mitternacht langsam aufgehenden Mond beobachtete, der die dunklen Felsen der Insel allmählich mit wundersam lichtem Schimmer überflutete. Aus dem Meer aber schienen lauter mächtige, gespensterhafte Nebelgestalten leise an den Bergen emporzuklettern. Nicht lange dauerte es, so verloren wir das fesselnde Bild aus den Augen, nur das Leuchtfeuer von Teneriffa blieb noch stundenlang in Sicht und warf seinen Schein meilenweit über den nächtlichen Ozean.

Am Mittwoch, den 23. Juni, erreichten wir gegen 10 Uhr früh nach 13tägiger Reise die Mündung des Tajo, um bei Belem vor Anker zu gehen. Alle aus Brasilien eintreffenden Schiffe stehen hier unter Quarantaine und dürfen nicht in den Hafen. Unsere portugiesischen Zwischendecker, die mit schmetterndem Trompetenschall das Schiff verließen, wurden nach der großen Quarantainestation am linken Tajo-Ufer befördert, wo sie einige Tage bleiben mußten.

Unsere Freude, wieder in Europa zu sein, war groß, größer aber noch die Freude, aus Hamburg günstige Nachrichten und Grüße zu erhalten, die erst vor einigen Tagen geschrieben waren. Natürlich ging auch von uns ein Stapel Briefe und Karten mit Ansichten zur Post, den Unsrigen unsere bevorstehende Heimkehr zu melden.

Kurz vor dem Abschied von Lissabon kaufte ich mir noch ein Fäßchen mit echtem Portwein. Um 17:30 dampften wir nach dem Norden weiter. Wie froh waren wir, wieder auf belebten Meeren zu fahren und wieder die schönen, langen Sommerabende genießen zu können. Freilich hatten wir in der Bay von Biscaya und anfangs auch im „Kanal" sehr dichten, unheimlichen Nebel und zuletzt bis kurz vor Dover starke Gewitter, heftigen Regen und sehr kühle Temperatur, sodaß man sich einen gehörigen Schnupfen holte. In der Nordsee aber war das Wetter um so schöner.

Am 27. Juni feierte ich den letzten Sonntag auf See. Eine frische Brise versetzte das ernstgraue, deutsche Meer in ziemlich unruhige Bewegung und peitschte im Glanz der Sonne weiße Köpfe vor sich her. Aber die Luft war überaus erfrischend und köstlich.

Am Nachmittage kam aus einem umherkreuzenden Schoner auf unser Signal hin ein bremer Lotse an Bord, der, nachdem wir nachts die strahlenden Feuerschiffe von Terschelling, Borkum und Norderney passiert hatten, unser Schiff am Montag früh sicher vor Bremerhaven führte, wo wir um 4 Uhr angesichts des Leuchtturms zu Anker gingen. Um zu guterletzt noch möglichst alle Reize der Seefahrt mitzunehmen, war ich fast die ganze Nacht aufgeblieben und legte mich erst nach Sonnenaufgang auf ein Stündchen in meine Koje.

Mit Eintritt der Flut dampfte die „Porto Alegre" in die Wesermündung hinein, um von Bremerhaven aus nach Bremen-Stadt geschleppt zu werden. Es war ja eine ganz hübsche Abwechslung, nach der langen Fahrt über die Meere auf demselben großen Dampfer die schmale Weser hinaufzufahren und statt auf Meereswogen und fliegende Fische immerfort auf grüne Wiesen und weidende Kühe zu blicken, aber viel lieber hätte ich es doch gesehen, wir wären, wie zuerst bestimmt war, Rotterdam angelaufen und dann direkt nach Hamburg gefahren. Es war jedoch nun einmal andere Ordre gekommen, und so war es mir denn auch ganz lieb, Bremen auf diese Weise kennen zu lernen. Die langweilige Schlepperei hatte erst abends gegen 5 Uhr ihr Ende. Wir beeilten uns, vom Kai aus in die alte Hansestadt zu gelangen, wo wir uns schließlich im weltbekannten Ratskeller zu einer großen, fröhlichen Tafelrunde zusammenfanden. Niemand bedauerte es, wieder den heimatlichen Boden unter den Füßen und vor sich auf dem Tisch ein Gläschen mit deutschem Rheinwein zu haben. Voll Dankbarkeit und Begeisterung stießen wir miteinander auf die so glücklich vollendete und an unvergeßlichen Freuden so überreiche 60tägige Reise an, wobei wir so vergnügt waren, daß um uns her die ehrsamen bremer Bürgersleute ganz verwunderte Augen machten.

Die Nacht verbrachte ich noch an Bord, damit ich am nächsten Tage recht frisch daheim einträfe. Mein Gepäck und alle mitgebrachten Schätze ließ ich auf dem Schiff, um sie in Hamburg abholen zu lassen. Am 29. Juni sagte ich dann der „Porto Alegre" Lebewohl und reiste mit dem D.-Zug von Bremen ab. In 1 ½ Stunden hatte ich bereits die herzliche Freude, die alt ehrwürdigen Türme der geliebten Vaterstadt wieder in Sicht zu haben. Welcher gute Hamburger verstände nicht aus eigner Erfahrung das Hochgefühl dieser traulichen Freude?!

Am Pariser Bahnhof, wo mich meine Angehörigen und viele Freunde erwarteten, wurde das fröhlichste Wiedersehen gefeiert und allseitig festgestellt, daß mich meine Reise ungemein erfrischt und gekräftigt habe.

Die Reise war nun zwar beendet, aber die Erinnerungen an dieselbe haben mich kaum einen Tag verlassen und mir auch nachträglich viele Anregungen gegeben. Fort und fort zehre ich noch von den Eindrücken, und immer wieder geht mir dabei das Eichendorff'sche Wort durch den Sinn:

„Wem Gott will rechte Gunst erweisen, den schickt Er in die weite Welt!"

www.ingramcontent.com/pod-product-compliance
Lightning Source LLC
Chambersburg PA
CBHW021712230426
43668CB00008B/814